ARETE,
고운 최치원

ARETE

고운 최치원

노성미 · 한정호 · 박준범 · 김지민 편저
경남대학교 교양교육연구소 감수

한국문화사

* 이 저서는 2021년 대한민국 교육부와 한국연구재단의 지원을 받아 수행된 연구임
 (NRF-2021S1A5C2A04088759)

책머리에

　이 책은 고운 최치원(857-?) 선생이 남긴 문학 유산의 맛과 멋을 더 많은 독자와 공유하기 위해 엮은 것이다. 『삼국사기』의 열전과 『파한집』은 역사적 사실로서 그의 삶을 기록하고 있다. 최치원의 삶의 궤적과 그가 남긴 전설적인 행보는 역사의 틀을 넘어 문학적 상상의 소재가 되었다. 역사적 실체는 역사적 진실을 전달하는 소재가 되고, 허구의 세계 속에서 독자들은 각자 자기 시대의 가치를 발견하려고 한다. 최근 최치원 이야기가 다시 주목받으면서 뮤지컬, 연극, 애니메이션, 소설 등으로 창작된 작품들은 이러한 흐름의 일환이라 할 수 있다.

　최치원 선생은 남북국 시대에 당나라에 유학하여 관료로서 성공의 길을 걸었다. 그러나 「토황소격문」의 배경이 된 당 말기의 혼란을 목격한 후 신라로 귀국하게 된다. 그는 신라 왕실의 신임을 받으며, 당에서 쌓은 경륜을 신라를 위해 펼치고자 하였다. 그가 귀국하면서 헌강왕에게 바친 『계원필경』은 그의 이러한 의지를 상징한다고 할 수 있다. 그러나 학자, 문장가, 관료로서의 그의 삶은 통일신라의 패망과 고려 건국이라는 시대적 혼란 속에서 다시 한번 고뇌와 선택의 갈림길에 서게 된다. 결국 그는 벼슬을 버리고 자유롭게 떠돌며 자신의 길을 찾았고, 그 길은 가야산 해인사로 이어졌다. 해인사에서 은자의 삶을 살면서도 그의 글쓰기는 계속되었고, 그는 한국의 문화사에 빛나는 유산을 남겼다.

　이 책은 크게 역사 기록과 소설, 그리고 최치원 선생의 문학 유산 중에서 함께 읽을 만한 작품들을 선별하여 앞부분에 실었다. 시는 자연과 풍속, 여정과 숨결, 만남과 헤어짐으로 분류하여 유사한 소재끼리 비교하며 읽을 수 있도록 하였다. 산문은 문화사에 이름을 올린 대표 작품들을 수록하여 독자들이 함께 사유할 수 있게 하였다. 뒤쪽에는 저자들이 최치원 한시를 해설한 글을 실어 독자와의 공감을 도모하였다. 마지막으로, 최치원 선생의 유적 탐방기 몇 편을 덧붙여 우리 곁에 살아 있는 최치원의 숨결을 전하고자 하였다.

독서는 디지털 문화의 빠른 속도에 잠식당하고 있는 것이 현실이다. 그래도 문자 문명은 여전히 고전적인 가치를 찾고 사색하는 중요한 도구로 굳건히 자리하고 있다는 믿음이 있어 이 책을 출판하게 되었다. 고운학연구소에서 함께 시를 읽고 토론했던 소중한 순간들을 이 책에 담았으며, 최치원 유적을 답사하며 역사의 숨결을 함께 느꼈던 한정호, 박준범, 김지민 교수님과의 추억도 문장마다 스며있다. 문학에 대한 순수한 열정을 지닌 그분들께 존경과 감사의 마음을 전한다. 출판에 도움을 주신 경남대학교 교양교육연구소 정원섭 소장님과 원고를 빛내주신 한국문화사 편집부에도 감사의 마음을 전한다.

2025년 2월

고운 선생의 월영대 언덕에서
경남대학교 교양교육연구소 디지털시민성연구단

차례

책머리에 _ 5

 1부

1장 | 역사가 말하다
- 열전, 「최치원」 _ 15
- 행장, 「문창공 최치원」 _ 24

2장 | 이야기로 꾸미다
- 전기, 『최치원』 _ 28
- 소설, 『최고운전』 _ 42

 2부

3장 | 자연과 풍속
- 바위 위의 키 작은 소나무 _ 85
- 모래밭 _ 86
- 바다 갈매기 _ 87
- 바닷가를 한가로이 거닐며 _ 88
- 접시꽃 _ 89
- 단풍나무 _ 90
- 바다에 배를 띄우고 _ 91

- 가을밤 빗소리에 _ 92
- 우흥 _ 93
- 강남 여자 _ 94
- 금방울 놀이 _ 95
- 다리꼭지춤 _ 96
- 탈춤 _ 97
- 꼭두각시춤 _ 98
- 사자춤 _ 99

4장 | 여정과 숨결

- 조어정 _ 100
- 진성 _ 101
- 산 사람을 기리는 사당 _ 102
- 요주 파양정 _ 103
- 봄날 시골 정자에서 벗의 시에 화답하다 _ 104
- 우정에 밤비 내리고 _ 105
- 우강역 정자 _ 106
- 운봉사 _ 107
- 황산강 임경대 _ 108
- 가야산 독서당 _ 109

5장 | 만남과 헤어짐

- 좌주 상서가 난을 피해 유양을 지나면서 보여준 시에 화답하다 _ 110
- 당성에서 나그네로 노닐며 선왕의 악관에게 주다 _ 112

- 오만 수재의 석별에 답하다 _ 113
- 시어사 고운이 중양절 국화를 읊은 것에 화답하다 _ 114
- 신축년에 진사 오첨에게 부치다 _ 115
- 곤주에서 이원외에게 _ 116
- 진사 양섬의 송별시에 답하다 _ 117
- 섣달 그믐날 밤, 친구의 시에 화답하다 _ 118
- 봄날 벗을 청하였으나 오지 않아서 _ 119
- 재곡난야에 홀로 사는 스님에게 _ 120
- 금천사 주지 스님에게 주다 _ 121
- 호원상인에게 부치다 _ 122
- 희랑 화상에게 주다 _ 123

 3부

6장 | 마음을 움직이다
- 『계원필경』 서문 _ 127
- 태위에게 처음 올린 글 _ 131
- 황소에게 보낸 격서 _ 135
- 참산의 신령에게 제사 지낸 글 _ 141

7장 | 붓으로 새기다
- 지리산 쌍계사 진감선사 대공탑비 _ 145
- 신라 가야산 해인사 선안주원 벽에 쓴 글 _ 161
- 신라 수창군 호국성 팔각등루에 쓴 글 _ 168

4부

8장 | 시인을 따라서

- 눈물을 삼키는 포구의 이별 _ 175
- 국화 핀 울타리에 찬 그림자 걸리고 _ 178
- 그대, 신선이 되어 봉래산을 꿈꾸네 _ 180
- 세상의 소리를 끊어내는 물소리 _ 182
- 달과 별이 공중에서 빙글빙글 _ 184
- 광대놀음 우스워라 _ 186
- 가면 속의 그대는 누구인가? _ 188
- 북소리 두둥둥 바람소리 솔솔 _ 190
- 누추한 몸에 감추어진 어진 덕성 _ 192
- 가을밤 빗소리에 길을 잃었네 _ 194
- 내 꿈도 너와 같다 _ 196
- 만파식적을 찾고픈 그대 _ 198
- 산 사람을 추숭하라 _ 200
- 해탈과 번뇌, 열반과 미혹의 갈림길 _ 202
- 봄, 여름, 가을, 그리고 다시 봄 _ 204
- 시공을 초월한 '레전드 술자리' _ 206
- 봄날, 흩날리는 바람꽃을 맞으며 _ 208
- 한창에 그리는 지음 _ 210
- 이별 앞에 느릿느릿 물결 가르는 _ 212
- 흰 구름 걸친 깊은 골에 솔바람 소리만 나부끼네 _ 215
- 고향 내음 풍기는 봄꽃 _ 217

- 강산이 변하면 이별의 슬픔 가시려나 _ 218

9장 | 자취를 찾아서
- 적막한 지하에서 몇 해나 봄을 원망했을까 _ 221
- '격황소서'를 짓고 『계원필경』을 엮다 _ 226
- 세속에 얽매여 있으니 현묘한 도의 문 열기 어려워라 _ 233
- 외로운 구름이 손짓하는 두곡서원 _ 237
- 남녘의 가장 빼어난 절경이라 불러주오 _ 243
- 고요 속에 머물렀을 그의 자취 아직도 살아 있는 곳 _ 249
- 그 덕이 태산 같아 생사당을 짓다 _ 252

최치원 연보 _ 256

1부

1장

역사가 말하다

2장

이야기로 꾸미다

1장
역사가 말하다

▦ 열전, 「최치원」

　최치원은 자가 고운(혹은 '해운')이며, 왕경(현, 경주) 사량부 사람이다. 역사와 전기(傳記)가 없어서 그의 집안 내력은 알 수 없다. 치원은 어려서부터 총명하고 민첩하였으며 학문을 좋아하였다. 나이 12세가 되자 배를 타고 당나라에 들어가 학문을 탐구하려고 하니 그의 아버지가 말했다.
　"10년이 되도록 과거에 급제하지 못하면 내 아들이 아니다. 가서 힘써 공부하라."
　치원은 당나라에 도착하여 스승을 좇아 학문을 닦는데 게을리하지 않았다.
　건부 원년 갑오(874년)에 예부시랑 배찬 아래에서 단번에 급제하였다. 선주 율수현위에 임명되었고, 그의 치적을 평가하여 승무랑 시어사 내공봉으로 삼고 자금어대를 하사하였다.
　당시에 황소가 반란을 일으켜 고병이 제도행영병마도통이 되어 토벌하게 되었는데, 치원을 뽑아 종사관으로 삼아 서기의 임무를 맡겼다. 그가 지은 표문, 장계, 편지, 계사 등이 지금(고려)까지도 전해오고 있다.

나이 28세가 되자 부모를 뵐 뜻을 가졌더니, 당나라 희종이 이를 알고 광계 원년(885년)에 그에게 조서를 주어 신라에 예방하게 하였다. 신라에 머물며, 시독 겸 한림학사, 수병부시랑, 지서서감사 등이 되었다.

치원은 스스로 당나라 유학에서 얻은 것이 많아 신라에 돌아와서 자신의 뜻을 펼치고자 하였으나, 신라가 쇠퇴하는 말기여서 의심과 시기가 많아 그의 뜻이 받아들여지지 않고, 나가서 태산군(현, 전북 정읍) 태수가 되었다.

당나라 소종 경복 2년(893년)에 납정절사병부시랑 김처회가 바다에 빠져 죽자, 곧 추성군 태수 김준을 고주사(告奏使)로 삼았다. 당시 치원은 부성군(현, 충남 서산) 태수로 있었는데, 마침 불러들여 하정사(賀正使)로 삼았다. 그즈음 당나라에 흉년에 기근이 들고, 그로 인해 도적이 여기저기서 일어나 길이 막혀 결국 가지 못하였다.

그 뒤에 치원은 또 당나라에 사신으로 간 일이 있으나, 다만 그 시기를 알 수 없다. 그런 까닭에 그의 문집에는 태사 시중에게 올리는 편지가 있는데, 다음과 같다.

立傳崔致遠字孤雲 或云海雲 王京沙梁部人也史傳泯滅不知其世系致遠少精敏好學至年十二將隨海舶入唐求學其父謂曰十年不第即非吾子也行矣勉之致遠至唐追師學問無怠乾符元年甲午禮部侍郎裴瓚下一舉及第調授宣州溧水縣尉考績為承務郎侍御史內供奉賜紫金魚袋時黃巢叛高駢為諸道行營兵馬都統以討之辟致遠為從事以資書記之任其表狀書啓傳之至今及年二十八歲有歸寧之志

김부식의 『삼국사기』(권46)

"엎드려 듣건대 동해 밖에 삼국이 있었으니 그 이름이 마한, 변한, 진한입니다. 마한은 고구려요, 변한은 백제요, 진한은 신라입니다. 고구려와 백제의 전성기에는 강한 군사가 백만 명이나 되어 남으로 오나라, 월나라를 침범하고, 북으로는 유주 지역의 연나라, 제나라, 노나라를 뒤흔들어 중국의 커다란 고민거리가 되었으며, 수 황제가 세력을 잃은 것도 요동 정벌에 말미암은 것입니다.

정관 연간(627~649년)에 당나라 태종황제가 친히 6군을 거느리고 바다를 건너 하늘의 징벌을 집행하니, 고구려가 그 위엄을 두려워하여 화친을 청하므로 문황(당 태종의 시호)이 항복을 받고 돌아갔습니다. 이 무렵 우리 무열대왕(武烈大王)이 갖은 정성을 다해 한 지방의 어려움을 평정하려고 도움을 요청하여 당나라에 들어가 조회한 것이 이로부터 시작되었습니다. 그 뒤에 고구려와 백제가 이전처럼 흉악한 행위를 계속하자, 무열왕이 당 조정에 들어가 길잡이가 될 것을 청하였습니다.

고종 황제 현경 5년(660년)에 이르러 소정방에게 칙령을 내려 10도의 강한 군사와 누선 일만 척을 거느리고 백제를 크게 물리쳤습니다. 그리고는 그 땅에 부여도독부를 두어 유민을 불러 안착시키고 한관(漢官)이 다스리게 하였습니다. 그러나 비위에 맞지 않아 자주 반란을 일으킨다는 소식이 들리므로 마침내 그 사람들[백제 유민]을 하남으로 옮겼습니다.

원년(668년)에는 영공 서적에게 명하여 고구려를 격파하고 안동도독부를 설치하였으며, 의봉 3년(678년)에 이르러 그 사람들(고구려인)을 하남과 농우 지방으로 옮겼습니다. 고구려의 유민들이 모여 북쪽 태백산[동모산의 오기] 아래에 근거지를 두어 국호를 발해라고 하였습니다.

개원 20년(732년)에 발해가 천자의 조정에 원한을 품고 군사를 거느리고 불시에 등주(登州)를 습격하여 자사 위준을 죽였습니다. 이에 명황제(당 현종의 시호)가 크게 성내어 내사 고품과 하행성, 태복경 김사란에게 명하여 군사를 내어 바다를 건너 토벌하게 했습니다. 우리 임금 김모(성덕왕)에게 관작을 더하여 정대위 지절 충녕해군사 계림주 대도독을 삼았습니다. 그러나 한겨울에 눈이 많이 쌓여 제후와 한나라의 군대가 추위를 이기지 못하므로 칙명을 내려 회군하게 하였습니다. 지금까지 3백여 년 동안 한 지방이 아무런 일 없이 넓은 바다가 평안하게 된 것은 우리 무열대왕의 공로입니다.

　　지금 저는 유림의 변변치 못한 학도이고 외국의 평범한 사람으로서 외람되게 국왕의 표문과 장문을 받들고 태평한 나라에 오게 되었습니다. 무릇 진실로 간곡한 정성을 예에 맞게 숨김없이 진술하고자 합니다.

　　엎드려 살펴보건대 원화 12년(817년)에 본국의 왕자 김장렴이 풍랑을 만나 표류하다가 명주 해안에 상륙하였을 때, 절동의 어떤 관리가 호송하여 당나라 수도에 들어갔습니다. 중화 2년(882년)에는 조사로 들어간 김직량이 반란군 때문에 길이 막혀 결국 초주 해안에서 여기저기 헤매다가 양주에 이르러 황제의 수레가 촉 지방에 행차하신 것을 알고, 이때 고 태위가 도두 장검을 보내어 서천까지 호송해주었습니다.

　　이미 전례가 분명하니, 엎드려 바라옵건대 태사 시중께서는 큰 은혜를 베풀어 특별히 뱃길과 육로의 통행증을 내려 주시고, 지방 관청으로 하여금 선박, 식사 및 원거리 여행에 필요한 당나귀와 초료(꼴)를 공급하여 주시고, 아울러 군의 수장을 보내 호송을 감독하여 황제의 수레 앞에 이르게 하여 주십시오."

여기에서 언급한 태사 시중은 성명 또한 알 수 없다.

치원이 서쪽에서 대당을 섬기고 동쪽 고국으로 돌아와서도 모든 난세를 만나 나아가지 못해 고생이 이어지고, 움직일 때마다 비난을 받으니 스스로 불우함을 한탄하여 다시 관직에 나갈 뜻이 없었다. 자유롭게 노닐고 유유자적하며 산기슭과 강가나 바닷가에 대(臺)와 정자를 짓고 소나무와 대나무를 심으며, 서적을 베개 삼아 풍월을 읊었다. 경주의 남산, 강주(현, 경북 의성)의 빙산, 합주(현, 경남 합천)의 청량사, 지리산의 쌍계사, 합포현(현, 경남 창원)의 별서와 같은 곳이 모두 그가 노닐었던 곳이다.

　마지막에는 가족을 데리고 가야산 해인사에 은거하면서, 친형인 승려 현준 및 정현사와 도우를 맺고 누웠다 일어났다 하며 한가로이 지내다가 여기에서 노년을 마쳤다.

　처음 서쪽(당나라)에 유학했을 때 중국 강동에 사는 시인 나은과 서로 알고 지냈다. 나은은 재주를 믿고 자만하여 남을 쉽게 인정해 주지 않았는데, 치원에게는 자신이 지은 시 다섯 두루마리를 보여주었다. 또 같은 해에 급제한 고운(顧雲)과도 친했다. 치원이 귀국하려 하자 고운이 시를 지어 송별하였는데, 대략 다음과 같다.

　　　내가 바다 위에 세 마리 황금자라에 대해 들으니
　　　황금자라 머리에 이고 있는 산 높고 높아
　　　산 위에는 화려한 주궁패궐과 황금전각이요
　　　산 아래에는 천리만리 드넓은 바다라네
　　　그 곁에 한 점 푸른 계림이 있는데
　　　금오산 빼어난 기운이 기특한 인물을 내었네
　　　열둘에 배 타고 바다 건너와
　　　문장으로 중화국을 감동시켰네.

열여덟에 과거장에서 거리낌 없어
한 발의 화살로 금문책을 깨뜨렸네.

『신당서』「예문지」에 이르기를 '최치원의 『사륙집』 1권과 『계원필경』 20권이 있다.'고 하였다. 그 주에 이르기를 '최치원은 고려인[신라인의 오기]으로 빈공과에 급제하여 고변의 종사관이 되었다.'고 하였으니, 그의 이름이 이와 같이 중국에 알려져 있었다. 또 문집 30권이 있어서 세상에 전한다.

처음에 우리 태조(왕건)가 나라를 창건하려 할 때, 치원은 태조가 비범한 인물이므로 반드시 천명을 받아 나라를 세울 것을 알고서 태조에게 편지를 보냈는데 '계림은 누른 잎이오, 곡령은 푸른 솔이로다.'라는 구절이 있었다. 그의 문인(제자)들이 고려 초기에 조정에 와서 높은 벼슬에 이른 자가 한둘이 아니었다.

고려 현종께서 왕위에 계실 때, 치원이 은밀히 태조의 왕업을 도왔으니 공을 잊을 수 없다 하여 교서를 내려 내사령의 관직을 추증하고, 현종 14년(1023년) 태평 2년 임술 5월에 이르러 문창후라는 시호를 추증하였다.

-『삼국사기』 권46, 열전6.

崔致遠

　　字孤雲 或云海雲 王京沙梁部人也 史傳泯滅 不知其世系 致遠少精敏好學 至年十二 將隨海舶入唐求學 其父謂曰 十年不第 即非吾子也 行矣勉之 致遠至唐 追師學問 無怠 乾符元年甲午 禮部侍郎裴瓚下 一擧及第 調授宣州溧水縣尉 考績爲承務郞侍御史內供奉 賜紫金魚袋 時黃巢叛 高騈爲諸道行營兵馬都統以討之 辟致遠爲從事 以委書記之任 其表狀書啓 傳之至今 及年二十八歲 有歸寧之志 僖宗知之 光啓元年 使將詔書來聘 留爲侍讀兼翰林學士守兵部侍郎知瑞書監事 致遠自以西學多所得 及來將行己志 而衰季多疑忌 不能容 出爲大山郡大守 唐昭宗景福二年 納旌節使兵部侍郎金處誨 没於海 即差檻城郡大守金峻 爲告奏使 時致遠爲富城郡大守 祗召爲賀正使 以比歲饑荒 因之盜賊交午 道梗不果行 其後致遠亦嘗奉使如唐 但不知其歲月耳 故其文集有上大師 · 侍中狀云 伏聞東海之外有三國 其名馬韓卞韓辰韓 馬韓則高麗 卞韓則百濟 辰韓則新羅也 高麗百濟全盛之時 強兵百萬 南侵吳越 北撓幽燕齊魯 爲中國巨蠹 隋皇失馭 由於征遼 貞觀中 我唐大宗皇帝 親統六軍 渡海恭行天罰 高麗畏威 請和 文皇受降迴蹕 此際我武列大王 請以犬馬之誠 助定一方之難 入唐朝謁 自此而始 後以高麗 · 百濟踵前造惡 武烈七朝 請爲鄕導 至高宗皇帝顯慶五年 勅蘇定方 統十道強兵樓舡萬隻 大破百濟 乃於其地 置扶餘都督府 招緝遺氓 蒞以漢官 以臭味不同 屢聞離叛 遂徙其人於河南 摠章元年 命英公徐勣 破高句麗 置安東都督府 至儀鳳三年 徙其人於河南隴右 高句麗殘孽類聚 北依大白山下 国號爲渤海 開元二十年 怨恨天朝 將兵掩襲登州 殺刺史韋俊 於是 明皇帝大怒 命內史高品何行成大僕卿金思蘭 發兵過海攻討 仍就加我王金某 爲正大尉持節充寧海軍事雞林州大都

督 以冬深雪厚 蕃漢苦寒 勅命迴軍 至今三百餘年 一方無事 滄海晏然 此乃我武烈大王之功也 今某儒門末學 海外凡材 謬奉表章 來朝樂土 凡有誠懇 禮合披陳 伏見 元和十二年 本國王子金張廉 風飄至明州下岸 浙東某官發送入京 中和二年 入朝使金直諒 爲叛臣作亂 道路不通 遂於楚州下岸 邐迤至楊州 得知聖駕幸蜀 高大尉差都頭張儉 監押送至西川 已前事例分明 伏乞 大師侍中 俯降台恩 特賜水陸券牒 令所在供給舟舡熟食 及長行驢馬草料 并差軍將 監送至駕前 此所謂大師侍中 姓名亦不可知也 致遠自西事大唐 東歸故國 皆遭亂世 屯邅塞連 動輒得咎 自傷不偶 無復仕進意 逍遙自放 山林之下江海之濱 營臺榭植松竹 枕藉書史 嘯詠風月 若慶州南山剛州氷山陜州淸涼寺智異山雙溪寺合浦縣別墅 此皆遊焉之所 最後帶家隱伽耶山海印寺 與母兄浮圖賢俊及定玄師 結爲道友 捿遲偃仰 以終老焉 始西遊時 與江東詩人羅隱相知 隱負才自高 不輕許可人 示致遠所製歌詩五軸 又與同年顧雲友善 將歸 顧雲以詩送別 略曰 我聞海上三金鼇 金鼇頭戴山高高 山之上兮 珠宮貝闕黃金殿 山之下兮 千里萬里之洪濤 傍邉一點雞林碧 鼇山孕秀生奇特 十二乘舩渡海來 文章感動中華國 十八橫行戰詞苑 一箭射破金門策 新唐書藝文志云 崔致遠四六集一卷 桂苑筆耕二十卷 注云 崔致遠高麗人 賓貢及第 爲高騈從事 其名聞上國如此 又有文集三十卷 行於世 初我太祖作興 致遠知非常人 必受命開國 因致書問 有雞林黃葉 鵠嶺靑松之句 其門人等 至國初來朝 仕至達官者非一 顯宗在位 爲致遠密贊祖業 功不可忘 下敎贈內史令 至十四歲 大平二年壬戌五月 贈諡文昌候

―『삼국사기(三國史記)』 권46, 열전6.

▩ 행장,「문창공 최치원」

　문창공 최치원의 자(字)는 고운(孤雲)이며, 빈공(외국인)으로 중한(中朝, 당나라)에 들어가 과거에 합격하여 고변(高駢)의 막부에서 유학하였다. 그때에 세상이 어둡고 시끄러웠는데, 편지와 격문이 모두 그의 손에서 나왔다.
　신라에 돌아오자, 같은 해 과거에 급제하였던 고운(顧雲)이「고운편(孤雲篇)」을 지어 보내어 이르기를,
　"바람으로 인해 바다 위를 떠나고, 달과 짝하여 인간에 이르렀네. 배회하다 머물지 못하고, 막막하게 또 동쪽으로 돌아가네."
라고 하니, 최치원도 스스로 글을 지어 이르기를,
　"무협중봉(巫峽重峯)의 나이에 포의 입고 중화(중국)에 들어갔다가, 은하열수(銀河列宿)의 해에 비단옷 입고 동국(신라)에 돌아왔네."
라고 하였다.
　우리 태조(왕건)께서 임금으로 일어날 것을 미리 알고 글을 스스로 헌상하였으나, 관직에는 재처럼 싸늘한 마음이어서 가야산에 숨어들었다. 어느 날 아침 일찍 일어나 집을 나갔는데 아무도 그가 간 곳을 몰랐다. 자신의 관과 신을 숲속에 남겨 두어서 대개 하늘로 올랐다고 생각하여, 절에 있는 승려가 그날로부터 명복을 빌었다. 최치원은 구름 같은 수염과 옥 같은 뺨에 항상 흰 구름이 그 위에 그늘을 이루고 있었으며, 실물 그대로 그린 초상화가 독서당(讀書堂)에 남아 지금까지 그대로 있다.
　독서당부터 골짜기 입구의 무릉루(武陵樓)까지는 거의 10리인데, 아름다운 산봉우리에 소나무와 전나무가 우거지고 바람과 물이 서로 부딪쳐 저절로 금석의 소리를 낸다. 최치원이 일찍이 시 한 수를 지었는데, 술에

취하여 쓴 글씨가 매우 뛰어나 그곳을 지나는 자가 모두 이를 가리켜 말하기를, '최공제시석'이라고 하였다.

  그 시에 이르기를, '세찬 물결 바위에 부딪혀 온 산을 울리니, 사람 소리 지척에서도 알아듣기 어려워라. 언제나 시비소리 귀에 들릴까 두려워 흐르는 물소리로 온 산을 둘렀네.'라고 되어 있다.

-『파한집』 권중.

文昌公 崔致遠

字孤雲 以賓貢入中朝擢第 遊高駢幕府 時天下雲擾 簡檄皆出其手 及還鄉 同年顧雲 賦孤雲篇以送之云 因風離海上 伴月到人間 徘徊不可住 漠漠又東還 公亦自敍云 巫峽重峯之歲 絲入中華 銀河列宿之年 錦還東國 預知我太祖龍興 獻書自達 然灰心仕宦 卜隱伽倻山 一旦早起出戶 莫知其所歸 遺冠屨於林間 盖上賓也 寺僧以其日薦冥禧 公雲髻玉腋 常有白雲蔭其上 寫眞留讀書堂 至今尙存 自讀書堂至洞口武陵樓 幾十里 丹崖碧嶺 松檜蒼蒼 風水相激 自然有金石之聲 公嘗題一絶 醉墨超逸 過者皆指之曰 崔公題詩石 其詩曰 狂噴疊石吼重巒 人語難分咫尺間 常恐是非聲到耳 故敎流水盡籠山

— 『파한집(破閑集)』 권중(卷中).

文昌公崔致遠字孤雲以賓貢入中朝擢第進高騈幕府時天下雲擾簡檄皆出其手及還鄉同年顧雲賦孤雲篇以送之云因風離海上伴月到人間徘徊不可住模糊又東還公亦自叙云巫峽重峯之歲絲入中華銀河列宿之年錦還東國預知我太祖龍興獻書自達彼灰心仕宦卜隱伽倻山一旦早起出戶莫知其所歸遺冠屨於林間盖上賓也寺僧以其日薦齋禧公雲篆玉映常有白雲蔭其上駕真留讀書堂至今尚存自讀書堂至洞口武陵橋幾十里丹崔碧嶺松檜蒼蒨風水相激自然有金石之聲公嘗題一絕醉墨豼逸過者皆指之曰崔公題詩石其詩曰狂噴疊石吼重巒人語難分咫尺間常恐是非聲到耳故教流水盡籠山

이인로의 『파한집』

2장
이야기로 꾸미다

▩ 전기, 『최치원』

　최치원은 자가 고운이며, 12살에 서쪽으로 가서 당나라에 유학했다. 건부 갑오년(874년)에 학사 배찬이 주관한 시험에서 단번에 괴과에 합격하여 율수현위로 임명되었다.
　일찍이 현의 남쪽에 있는 초현관에 놀러간 적이 있었다. 초현관 앞의 언덕에 오래된 무덤이 있었는데 쌍녀분이라 불렀다. 고금의 명현들이 유람하던 곳이었다. 치원이 이 무덤 앞에 있는 석문에다 시를 썼다.

> 어느 집 두 처자 이 버려진 무덤에 깃들어
> 쓸쓸한 지하에서 몇 번이나 봄을 원망했나?
> 그 모습 시냇가 달에 부질없이 남아있으나
> 이름을 무덤 앞 먼지에게 묻기 어려워라.
> 고운 그대들 꿈에서라도 만날 수만 있다면

긴긴 밤 나그네 위로함이 무슨 허물이 되리오?
외로운 여관에서 운우의 만남 이룬다면
함께 낙천신을 이어 부르리.

쓰기를 마치고 초현관으로 돌아왔다. 이때 달이 밝고 바람이 맑아 지팡이를 짚고 천천히 거닐다 홀연 한 여자를 보았다. 작약 같은 아름다운 모습으로 손에 붉은 주머니를 쥐고 앞으로 와서 말하였다.
"팔낭자와 구낭자께서 수재께 말씀을 전하라 하십니다. 아침에 특별히 수고롭게 귀한 걸음 하시고 거기다 좋은 글까지 주셨으니, 각각 화답하여 삼가 바친다 하셨습니다."
공이 돌아보고 놀라며 어떤 낭자인지 재차 물었다. 여자가 말했다.
"아침에 덤불을 헤치고 돌을 쓰다듬으며 시를 쓰신 곳이 바로 두 낭자가 사는 곳입니다."
공이 그제야 깨닫고 첫 번째 주머니를 보니, 이는 팔낭자가 수재에게 화답한 시였다.

죽은 넋 이별의 한을 외로운 무덤에 부쳤어도
예쁜 뺨 고운 눈썹은 아직도 봄빛을 띠었구나!
학 타고 삼도 가는 길 찾기 어려워
봉황 비녀 헛되이 구천의 먼지로 떨어졌네.
살았을 당시에는 나그네를 몹시 꺼려하였는데
오늘은 알지 못하는 이에게 교태를 품는구나!
몹시 부끄럽게도 시로써 제 마음 알아주시니
고개 늘여 기다리고 한편으론 마음 상합니다.

이어서 두 번째 주머니를 보니 바로 구낭자의 것이었다.

왕래하는 이 그 누가 길가의 무덤 돌아보리
난새 거울과 원앙 이불엔 먼지만 일어나네.
죽고 사는 것은 하늘이 정해준 운명이고
꽃 피었다 지니 세상은 봄이로구나!
늘 진녀처럼 세상을 버리기 원해
임희의 사랑 배우지 않았도다.
양왕을 모시고 운우를 나누려 하나
이런 저런 걱정에 마음 상하네.

또 뒷면에 다음과 같이 쓰여 있었다.

이름 숨긴다고 이상하게 여기지 마세요.
외로운 혼백이 세속 사람을 꺼려서입니다.
본심을 말하고 싶으니
잠시 가까이할 수 있게 해주세요.

공은 이미 아름다운 시를 보고 나서 자못 기쁜 빛을 띠고 그 여자에게 이름을 물었더니, 취금이라고 말했다. 공은 취금이 마음에 들어 추근거렸더니, 취금이 화를 내면서 말했다.
"수재께서는 답장을 주시기만 하면 될 것을 공연히 귀찮게 하십니다."
치원이 그제야 시를 지어 취금에게 주었다.

우연히 경솔한 글을 오래된 무덤에 썼으나
선녀가 세상일 물을 줄 생각이나 했겠소.
취금도 보배 꽃처럼 아름다우니
붉은 소매 그대들은 응당 옥가지 어린 봄기운을 품었겠지요.
성명을 숨겨서 세속 나그네 속이시고
공교한 시로 시인을 괴롭히시는군요.
애가 끊어지도록 만나 즐겁게 웃기를
온갖 신령과 신들께 기원하나이다.

그리고 끄트머리에 다음과 같이 썼다.

파랑새가 뜻밖의 사연 알려주니
보고픔에 잠시 두 줄기 눈물 흐르네.
오늘 밤 선녀들을 만나지 못한다면
남은 인생 땅속이라도 들어가 찾으리.

취금이 시를 받고는 회오리바람처럼 빠르게 가 버리자 치원은 홀로 서서 슬프게 읊조렸다. 오래도록 소식이 없어서 짧은 노래를 읊조렸는데, 마칠 때쯤 해서 문득 향기가 나더니 한참 후에 두 여자가 나란히 나타났다. 정녕 한 쌍의 투명한 구슬 같았고 두 송이 단아한 연꽃 같았다. 치원은 마치 꿈속인 것 같아 놀라고 기뻐 절하면서 말하였다.

"치원은 섬나라의 미천한 태생이고 속세의 말단 관리로서 어찌 외람되게 선녀들이 범부를 돌아볼 줄 생각이나 했겠습니까? 그냥 장난으로 쓴 글인데 문득 아름다운 발걸음 드리우셨군요."

두 여자가 살짝 웃을 뿐 별말이 없으니, 치원이 시를 지었다.

아름다운 밤 다행히 잠깐 만나 뵙건만
어찌하여 말없이 늦봄을 마주하시나요.
진실부를 알게 되었다 했더니
원래 식부인인 줄 몰랐구려.

이때 붉은 치마의 여자가 화내며 말하였다.
"담소를 나눌 줄 생각했더니 경멸을 당했습니다. 식규는 두 남편을 좇았지만 저희는 아직 한 남자도 섬기지 못했습니다."
공이 웃으면서 말했다.
"부인은 말을 잘 하지 않지만 말하면 반드시 이치에 맞는군요."
두 여자가 모두 웃었다. 치원이 물었다.
"낭자들은 어디에 사셨고, 친족은 누구인지요?"
붉은 치마의 여자가 눈물을 흘리며 말했다.
"저와 동생은 율수현 초성향 장씨의 두 딸입니다. 돌아가신 아버지는 현의 관리가 되지 못하고 지방의 토호가 되어 동산처럼 부를 누렸고 금곡처럼 사치를 부렸습니다. 저의 나이 18세, 아우의 나이 16세가 되자 부모님은 혼처를 의논하셨습니다. 그래서 저는 소금 장사와 정혼하고, 아우는 차 장사에게 혼인을 허락하셨습니다. 저희들은 매번 남편감을 바꿔 달라고 하였으나 마음에 차지 않았습니다. 그래서 울적한 마음이 맺혀 풀기 어렵게 되고 급기야 요절하게 되었습니다. 어진 사람 만나기를 바랄 뿐이오니 그대는 혐의를 두지 마십시오."
치원이 말했다.

"옥 같은 소리 뚜렷한데 어찌 혐의를 두겠습니까?"
이어서 두 여자에게 물었다.
"무덤에 깃든 지 오래되었고 초현관에서 멀지 않으니, 영웅과 만나신 일이 있을 터인데 어떤 아름다운 사연이 있었는지요?"
붉은 소매의 여자가 말했다.
"왕래하는 자들이 모두 비루한 사람들뿐이었는데, 오늘 다행히 수재를 만났습니다. 그대의 기상은 오산처럼 빼어나서 함께 오묘한 이치를 말할 만합니다."
치원이 술을 권하며 두 여자에게 말했다.
"세속의 맛을 세상 밖의 사람에게 드릴 수 있는지요?"
붉은 치마의 여자가 말했다.
"먹지 않고 마시지 않아도 배고프지 않고 목마르지 않습니다. 그러나 다행히 아름다운 사람을 만나 좋은 술을 먹게 되었는데 어찌 함부로 사양하고 거스를 수 있겠습니까?"
이에 술을 마시고 각각 시를 지었으니 모두 맑고 빼어나 세상에 없는 구절들이었다. 이때 달은 낮과 같이 환하고 바람은 가을날처럼 맑았다. 그 언니가 곡조를 바꾸자고 하였다.
"달로 제목을 정하고 풍(風)으로 운(韻)을 삼지요."
이에 치원이 첫 연을 지었다.

금빛 물결 눈에 가득 먼 하늘에 떠있고
천리 떠나온 근심은 곳곳마다 한결 같구나!

팔랑이 읊었다.

수레바퀴 그림자 움직임에 옛길 잃지 않고
　　계수나무 꽃은 봄바람 기다리지 않고 피었네.

구랑이 읊었다.

　　둥근 빛 점차 삼경 너머 밝아오는데
　　한번 바라보니 이별 근심에 마음만 상하는구나!

치원이 읊었다.

　　하얀 빛깔 펼쳐질 때 비단 장막 열리고
　　홀 무늬 비추는 곳에 구슬 창 투과하네.

팔랑이 읊었다.

　　인간세상과 멀리 떨어져 애가 끊어질 듯
　　지하의 외로운 잠에 한(恨)은 끝도 없어라.

구랑이 읊었다.

　　늘 부러워했네. 상아가 계교 많아
　　향각 버리고 선궁에 갔음을.

공이 더욱더 감탄하여 말하였다.

"이러한 때 앞에 연주하는 음악이 없다면 좋은 일을 다 누렸다 할 수 없지요."

이에 붉은 소매의 여자가 하녀 취금을 돌아보고서 치원에게 말했다.

"현악기가 관악기만 못하고 관악기가 사람 소리만 못하지요. 이 아이는 노래를 잘 부른답니다."

취금에게 소충정사를 부르라고 명하였다. 취금이 옷깃을 여미고 한번 노래하니 그 소리가 청아해서 세상에 다시는 없을 것 같았다. 이제 세 사람은 얼큰히 취했다. 치원이 두 여자를 꼬여 말하였다.

"일찍이 노충은 사냥을 갔다가 홀연 좋은 짝을 얻었고, 완조는 신선을 찾다가 아름다운 배필을 만났다고 들었습니다. 아름다운 그대들이 허락하신다면 좋은 연분을 맺고 싶습니다."

두 여자가 모두 허락하며 말하였다.

"순이 임금이 되었을 때 두 여자가 모시었고 주랑이 장군이 되었을 때도 두 여자가 따랐지요. 옛날에도 그렇게 했는데 오늘 어찌 그러지 못하겠습니까?"

치원은 뜻밖의 허락에 기뻐하였다. 곧 정갈한 베개 셋을 늘어놓고 새 이불 하나를 펴 놓았다. 세 사람이 한 이불 아래 누우니 그 곡진한 사연을 이루 다 말할 수 없었다. 치원이 두 여자에게 장난스럽게 말하였다.

"규방에 가서 황공의 사위가 되지 못하고, 도리어 무덤가에 와서 진씨 여자를 껴안았도다. 무슨 인연으로 이런 만남 이루었는지 알지 못하겠구나."

언니가 시를 지어 읊었다.

그대의 말 들으니 어질지 못하군요.

인연이 그렇다면 노비와 자야했을 것을.

시를 마치자마자 동생이 그 뒤를 이었다.

뜻밖에 바람난 미친 사내와 인연을 맺어
지선을 모욕하는 경박한 말을 들었구나!

공이 화답하여 시를 지었다.

오백 년 만에 비로소 어진 이 만났고
또 오늘 밤 함께 잠자리를 즐겼네.
고운 그대들 광객을 가까이 했노라 한탄하지 말라
일찍이 봄바람에 적선이 되었으니.

"즐거움이 다하면 슬픔이 오고 이별이 길어지면 만날 날도 가까워지지요. 이는 인간세상에서 귀천을 떠나 모두 애달파하는 일인데 하물며 삶과 죽음의 길이 달라 늘 대낮을 부끄러워하고 좋은 시절 헛되이 보냄이라! 다만 하룻밤의 즐거움을 누리다 이제부터 천년의 길고 긴 한을 품게 되었군요. 처음에 동침의 행운을 기뻐했는데 갑자기 기약 없는 이별을 탄식하게 되었습니다."
두 여자가 각각 시를 주었다.

별이 처음으로 돌아가고 물시계 다하니
이별의 말 하려하나 눈물이 먼저 줄줄 흐르네.

이제부턴 천년의 긴 한만 맺히고
깊은 밤의 즐거움 다시 찾을 기약 없어라.

다른 시에 읊었다.

지는 달빛 창에 비추자 붉은 뺨 차가워지고
새벽바람에 옷깃 나부끼자 비취 눈썹 찡그리네.
그대와 이별하는 걸음걸음 애간장만 끊어지고
비 흩어지고 구름 돌아가니 꿈에 들기도 어려워라.

치원은 시를 보고 저도 모르게 눈물을 흘렸다. 두 여자가 치원에게 말하였다.
"혹시라도 다른 날 이곳을 다시 지나신다면 황폐한 무덤을 다듬어 주십시오."
말을 마치자 곧 사라졌다. 다음날 아침 치원은 무덤가로 가서 쓸쓸히 거닐면서 읊조렸다. 깊이 탄식하고 긴 시를 지어 자신을 위로하였다.

풀 우거지고 먼지 덮여 캄캄한 쌍녀분
예부터 이름난 자취 그 누가 들었으리?
넓은 들판에 변함없이 떠 있는 달 애달프고
부질없는 무산의 두 조각구름 얽혀있네.
뛰어난 재주로 먼 지방의 관리됨을 한탄하다가
우연히 고관에 왔다 그윽한 곳 찾았네.
장난으로 시구를 문에다 썼더니

감동한 선녀께서 밤에 찾아왔도다.
붉은 비단 소매의 여인, 자줏빛 비단 치마의 여인
앉으니 난초 향기 사향 향기 스며드네.
비취 눈썹 붉은 뺨 모두 세속을 벗어났고
마시는 모습과 시상도 뛰어나네.
지고 남은 꽃 마주하여 좋은 술 기울이고
쌍으로 섬섬옥수 내밀며 묘하게 춤을 추네.
미친 내 마음 이미 어지러워 부끄럼도 모르고
아름다운 그대들이 허락할지 시험해 보았네.
미인은 얼굴을 오래도록 숙이고 어쩔 줄 몰라.
반쯤은 웃는 듯 반쯤은 우는 듯하네.
낯이 익자 자연히 마음은 불같이 타오르고
뺨은 진흙처럼 발개져 취한 듯하네.
고운 노래 부르다가 기쁨 함께 누리니
이 아름다운 밤 좋은 만남은 미리 정해진 것이었으리?
사녀가 청담한 것 듣고
반희가 고운 노래 뽑는 것 보았도다.
정이 깊어지고 마음이 살뜰해져 친해지기 시작하니
바로 늦은 봄날 복숭아와 자두꽃 피는 시절이구나!
밝은 달빛 베개맡의 정을 더해주고
향기로운 바람은 비단 같은 몸 끌어당기는구나!
비단 같은 몸 베개맡의 정이여
그윽한 즐거움 다하지 않았는데 이별의 근심 왔네.
몇 가락 여운의 노래 외로운 혼 끊고

한 가닥 스러지는 등잔불 두 줄기 눈물 비추네.
새벽녘 난새와 학은 각각 동서로 흩어지고
홀로 앉아 꿈인가 여겨보네.
깊이 생각하여 꿈인가 하나 꿈은 아니라.
시름겨워 푸른 하늘에 떠도는 아침 구름 마주 대하네.
말은 길게 울며 가야할 길 바라보나
미친 나는 오히려 다시 버려진 무덤 찾았도다.
버선발 고운 먼지 속으로 걸어 나오지 않고
아침 이슬에 흐느끼는 꽃가지만 보았네.
창자 끊어질 듯 머리 자주 돌리나
저승 문 적막하니 누가 열리오?
고삐 놓고 바라볼 때 끝없이 눈물 흐르고
채찍 드리우고 시 읊는 곳 슬픔만 남아있도다.
늦봄 바람 불고 늦봄 햇살 비추는데
버들개지 어지러이 바람에 나부끼도다.
늘 나그네 시름으로 화창한 봄날 원망할 터인데
하물며 이렇게 이별의 슬픔 안고 그대들 그리워함에랴?
인간 세상의 일은 수심이 끝이 없구나.
비로소 통하는 길을 들었는데 또 나루를 잃었도다.
잡초 우거진 동대엔 천년의 한 서려 있고
꽃핀 금곡은 하루아침의 봄이로구나.
완조와 유신은 보통 사람이고
진 황제와 한 무제도 신선이 아니네.
옛날의 아름다운 만남 아득하여 쫓지 못하고

지금까지 남겨진 이름 헛되이 슬퍼하는구나!
아득히 왔다가 홀연히 가버리니
비바람 주인 없음을 알겠네.
내가 이곳에서 두 여인을 만난 것은
양왕이 운우를 꿈꾼 것과 비슷하도다.
대장부여! 대장부여!
남아의 기운으로 아녀자의 한을 제거한 것뿐이니
마음을 요망스런 여우에게 연연해하지 마라.

나중에 최치원은 과거에 급제하고 고국으로 돌아오다 길에서 시를 읊었다.

뜬구름 같은 세상의 영화는 꿈속의 꿈이니
흰 구름 자욱한 곳에서 이 한 몸 좋이 깃들리라.

이어서 물러가 아주 속세를 떠나 산수에 묻혀 사는 스님을 찾아갔다. 치원은 작은 서재를 짓고 석대를 찾아서 문서를 탐독하고 풍월을 읊조리며 그 사이에서 유유자적하게 살았다. 남산의 청량사, 합포현의 월영대, 지리산의 쌍계사, 석남사 묵천석대에 모란을 심어 지금까지도 남아있으니, 모두 그가 떠돌아다닌 흔적이다. 최후에 가야산 해인사에 은거하여 그 형인 큰스님 현준 및 남악사 정현과 함께 경론을 탐구하여 마음을 맑고 아득한 데 노닐다가 세상을 마쳤다.

-『태평통재』권68.

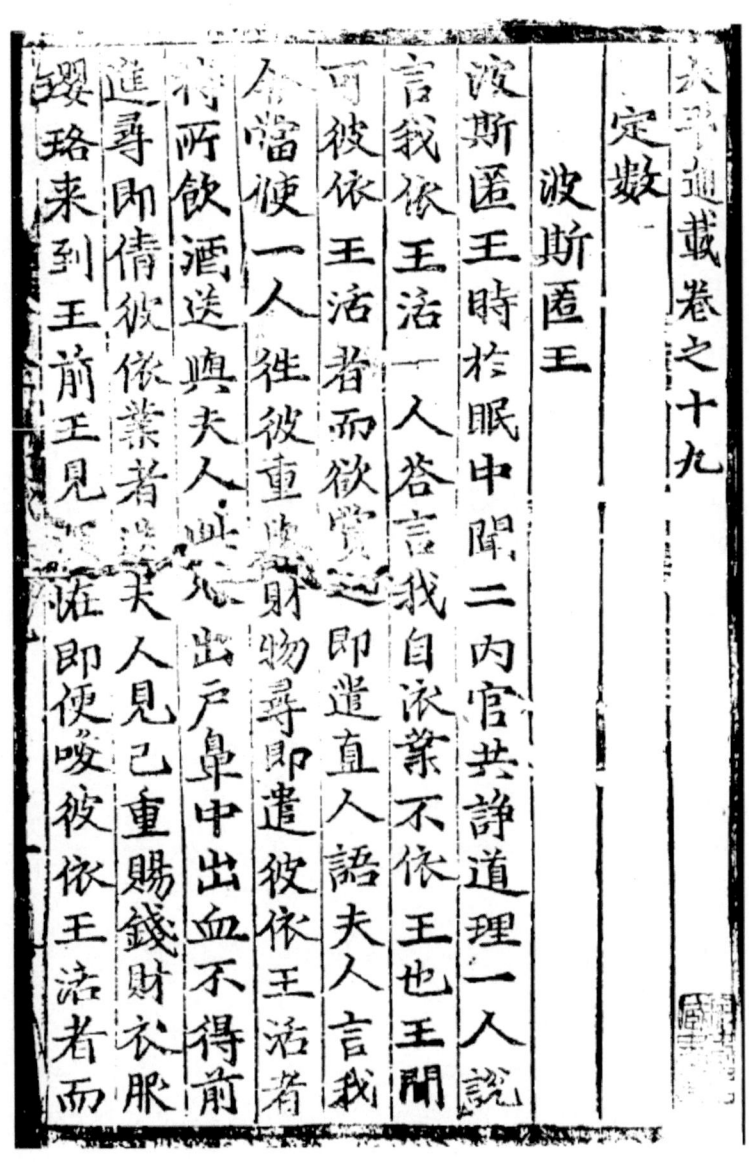

성임의 『태평통재』

소설,『최고운전』

신라시대에 최충이라는 사람이 있었다. 그는 일찍이 등용문에 올랐으나 벼슬길이 순탄치 못하다가 문창령을 제수 받고는 심히 근심하였다. 그의 아내가 물었다.

"다행히 벼슬을 제수 받았음은 경사인데 어찌하여 그대는 슬퍼하고 계십니까?"

하니 충이 대답했다.

"벼슬을 받아 기쁘기는 하지만 문창에는 변괴가 있어, 수령이 되어 가는 사람은 귀신에게 아내를 빼앗긴 자가 십수 명에 달한다 하니, 그로 인하여 근심하는 바이오."

충이 다음날 곰곰이 생각하였다.

'귀신이라면 사람을 해칠망정 잡아가지는 못할 것이니 이는 황당무계한 말이리라. 만약 사실이라면 내게 한 꾀가 있으니 부인의 손에 색실을 매어 두었다가 집에서부터 실을 따라 찾아 가면 그곳을 찾을 수 있을 것이다.'

이렇게 생각하고, 가족과 함께 문창 고을에 도착하여 그곳의 노인들에게 물었다.

"이 고을에서 아내를 잃는 변고가 있다 하니 사실이오?"

그들이 대답하였다.

"사실입니다."

충이 두려워하며 여종에게 내당을 엄히 지키도록 분부하고 채색지계를 준비하였다.

하루는 객사에서 공무를 보고 있는데, 오시쯤 되자 갑자기 먹구름이 사방에서 일어나고 천지가 캄캄해지더니 비바람이 몰아치고 뇌성이 땅을 무너뜨리는 듯하였다. 내당을 지키는 여종들도 놀라서 정신을 잃고 마루에 넘어졌다. 이윽고 바람이 그치고 구름이 걷히어 날이 개이자 종들이 깨어나서 살펴보았다. 방문은 여전히 닫혀 있는데 부인이 간 곳이 없었다. 깜짝 놀라 허겁지겁 사또께 달려가 이 사실을 보고하니 충이 정신을 잃고 슬피 울었다. 그리고는 실을 따라 찾아 나섰더니 뒷산 바위틈으로 들어가 있었다. 그 바위는 천 길이나 되어 도저히 내려갈 수 없는지라. 충이 아내를 부르며 통곡하였다.

이때에 하급 관리인 이적이 말했다.

"사또께서는 너무 슬퍼 마십시오. 일찍이 늙은이들의 말을 들으니 이 바위가 한밤중에 스스로 열리고 굴 안이 밝다 하니 기다려서 밤에 다시 오심이 어떨까 합니다."

충이 어쩔 수 없이 돌아왔다가 밤이 되어 다시 그곳으로 가서 기다리고 있었다. 밤이 깊어지자 바위가 열리는데 그 안이 대낮같이 밝았다. 충이 매우 기뻐하여 그 안으로 들어갔다. 안에는 넓고 비옥하여 갖가지 꽃나무가 무성하게 우거졌을 뿐 사람의 자취는 찾을 수가 없었다. 다만 이상한 짐승과 기이한 새들만이 날고 있는지라. 충이 이적에게 물었다.

"어찌하여 이런 곳이 있단 말이냐?"

하니 이적이 대답하였다.

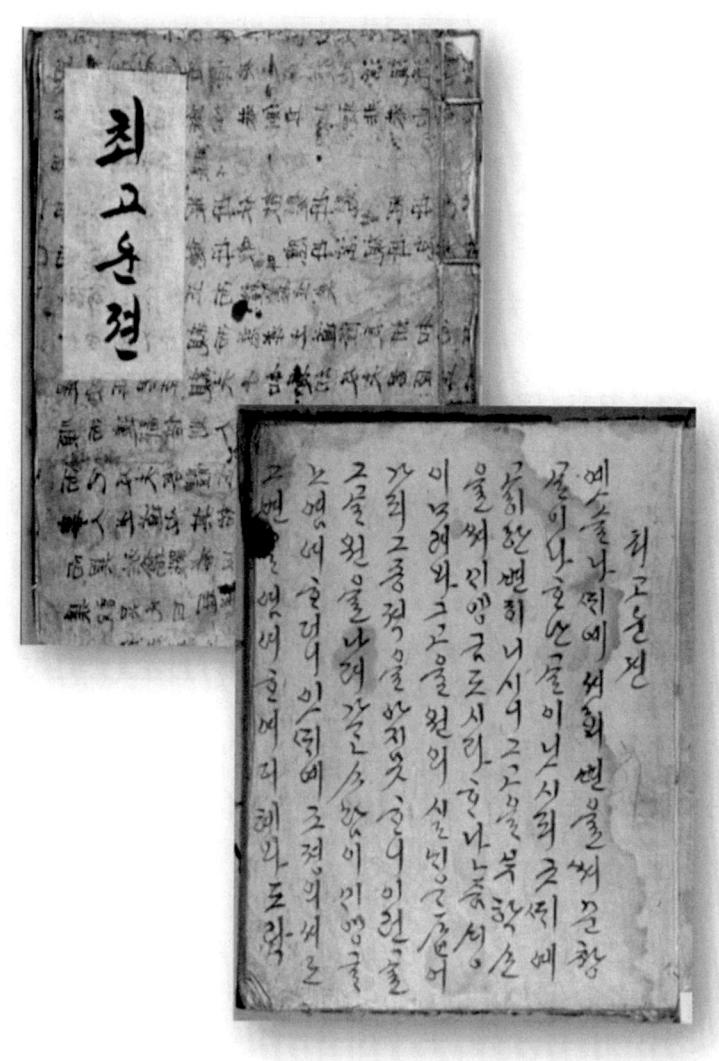

작자 미상의 고전소설 『최고운전』

"예, 세간에 없는 별천지인가 하옵니다."

땅이 마른 곳에서 다시 50여 보쯤 앞으로 나아가니 한 채의 큰 집이 있는데 방 안이 웅장하고 화려한데, 그 안에서 선악의 묘한 소리가 들려왔다. 찬란한 꽃밭 사이로 들어가 창틈을 엿보니 누런 금돼지가 최충의 아내 곁에 무릎을 베고 누워 있고 그 앞에는 십수 명의 미녀들이 늘어서서 풍악을 울리고 있었다. 이 여인들이 바로 대대로 잃은 사또들의 아내들이었다.

최충이 전일에 아내와 더불어 안 띠에다 약주머니를 달아 요괴스러운 짐승을 물리치자 하고 약속한 일이 생각났다. 약주머니를 풀어 바람을 타고 약 냄새가 문틈으로 들어가도록 하였다. 이때 금돼지가 잠에서 깨어나 약 내음을 맡고 물었다.

"어찌하여 세간의 약 냄새가 나느냐?"

하니 충의 아내가 남편의 꾀인 줄 알고 이내 공손한 말로 대답하였다.

"내가 이곳에 온 지 오래지 않아 아직 인간의 냄새가 남아 있어 그러하옵니다."

하고 눈물을 흘리며 우니 금돼지가 물었다.

"그대는 어찌하여 우느냐?"

충의 아내가 말했다.

"내가 이곳에 와 보니 인간 세계와는 만사가 아주 다르므로 슬퍼서 웁니다."

금돼지가 위로하여 말하기를,

"여기는 인간 세계와 조금도 다름이 없으니 슬퍼하지 말라."

하였다. 충의 아내가 눈물을 닦고 부드러운 말로 묻기를,

"내가 인간 세계에 있을 때 들으니 신선 세계에 사는 사람은 사슴 가죽

을 보면 죽는다 하던데 과연 그러하옵나이까?"

하고 물으니 금돼지가 말하기를,

"나는 아직 알지 못하나 다만 사슴 가죽을 꺼린다."

하니 다시금 묻기를,

"왜 꺼리나이까?"

하니 금돼지가 대답하였다.

"사슴 가죽을 씹어서 머리 뒤편에 붙이면 병이 되어 죽게 된다."

금돼지는 말을 마치자 다시 쓰러져 잠이 들었다. 충의 아내가 그 말을 듣고 당장 죽여 원한을 갚고자 하나 사슴 가죽이 없어 가슴이 타는데 가만히 생각해 보니 약주머니의 끈이 사슴 가죽으로 되어 있는지라. 가만히 꺼내어 씹어서 금돼지의 뒤통수에 붙였더니 과연 금돼지의 말과 같이 말도 못 하고 죽었다. 이리하여 최충은 아내를 데리고 돌아왔으며 나머지 미녀들도 역시 최충의 덕으로 집으로 돌아갔으니 그 가족들이 최충에게 깊이 감사하여 마지않더라.

최충의 아내는 임신 4개월에 금돼지에게 잡혀가 돌아온 지 6개월 만에 아들을 낳으니 손톱과 발톱이 조금 이상하였다. 충은 금돼지의 자식이 아닐까 의심하였다. 충은 여종을 시켜 큰길에 아이를 버리게 하였더니 길 가운데에 죽은 지렁이를 보고는 '한 일(一)'이라 하는지라. 시비가 들어가서 아뢰니 충이 듣고 명령했다.

"아무 말 말고 갖다 버려라."

시비가 다시 안고 가는데 개구리 죽은 것을 보고 '하늘 천(天)'이라 하므로 차마 버리지 못하고 돌아와,

"개구리 죽은 것을 보고 '하늘 천'이라 하였습니다."

하고 고하니, 충이 화를 내며 호령하였다.

"네가 주인의 말을 듣지 않는다면 칼로 대하겠노라."

시비가 아이를 솜으로 포근히 싸서 길 가운데에 버렸더니 소와 말이 지나면서도 밟지 아니하고 피해 다녔다. 밤이 되니 하늘에서 선녀가 내려와 젖을 먹여주었다. 이를 이상히 여긴 관리와 백성이 버려진 아이를 거두고자 하나 큰 죄를 입을까 하여 무서워하더라. 또 충이 이 소문을 듣고 아이를 연못에 던지라 하였다. 아이를 던지니 연꽃 한 송이가 갑자기 생겨나서 아이를 받고, 백학 한 쌍이 서로 번갈아 날개로 아이를 덮어 주었다.

이리하여 몇 달이 지나니 아이가 바닷가를 스스로 거닐며 노는데, 모래 위에는 문자가 생겼고, 우는 소리는 글 읽는 소리가 되었다. 이에 최충의 처가 이 소문을 듣고 남편에게 말하기를,

"당신은 금돼지의 자식이 아닌데도 버렸으니 하늘이 그 애매함을 아시고 하늘의 선녀를 시켜 젖을 먹여 키웠사오니 원컨대 빨리 사람을 시켜 데려오도록 하소서."

하는지라. 충이 깊이 감동하여,

"이제 데려오고자 하지만 처음에 그 어린애가 금돼지의 자식이라 하여 버렸거늘 이제 와서 데려온다면 남의 웃음거리가 될 것이다."

하니 부인이 다시,

"당신이 만일 남의 웃음을 살까 봐 이리도 걱정이라면 병을 칭해서 피해 계시면 소첩이 알아서 당신이 웃음을 사지 않도록 하겠습니다."

하므로 충이 옳게 여겨 허락하였다. 부인이 곧 영험한 무당을 불러 돈과 비단을 많이 주고 꾀어 말하였다.

"나를 위하여 여러 관리들에게, 사또께서 병을 앓는 것은 자기 아들을 금돼지의 아들이라고 버렸기 때문에 하늘이 노해서 벌을 준 것이니 그대들이 급히 가서 아이를 데려오면 사또의 병이 곧 나을 것이요, 만일

그렇지 않으면 사또가 죽고 그 화가 고을 사람들에게까지 미칠 것이라고 말하여 주게."

무당이 이를 승낙하고 여러 관리들에게 나아가서 부인이 가르쳐 준 대로 사또가 병이 난 이유를 설명하여 주었다. 무당의 말을 들은 관리들이 놀라고 두려워한 나머지 관사에 달려가서 울면서 그 이유를 사또께 보고하니 사또가 거짓 놀라는 척을 하면서 말하기를,

"정말로 그 아이를 버림으로써 하늘에서 죄를 주셨다면 그 아이를 다시 데려오는 것이 무엇이 어렵겠느냐?"

하고 이적에게 그 아이를 데리고 오도록 명하였다. 이적 등 일행이 사또의 명을 받고 바다 가운데 외딴섬까지 들어가 찾아보았으나 찾지 못하고 되돌아오려는데 갑자기 글 읽는 소리가 구름 밖에서 들려왔다. 쳐다보니 어린아이가 홀로 높은 바위에 앉아 책을 읽고 있었다. 이적 일행이 바다를 건너 바위 밑에 배를 멈추고 우러러 호소하였다.

"공의 부모님께서 병세가 위중하여 공을 보고자 소인들도 하여금 공을 모셔 오라 하셨으니 공께서는 속히 내려오소서."

아이가 대답하였다.

"부모님이 처음에 나를 금돼지의 자식이라 하여 내다버리시고 이제 와서 마음이 부끄럽지 않으신지 나를 보고자 하시는가? 옛날 진나라 때에 양적대라는 사람은 여불위라는 사서 미녀를 진왕에게 바쳤다. 그런데 먼저 임신을 시킨 후에 진왕에게 바쳤더니 일곱 달 만에 아들을 낳았다. 진왕은 여씨를 위하여 어린애를 버리지 않았거늘, 나의 어머니께서는 나를 임신한 지 넉 달 만에 문창으로 오셨고, 금돼지에게 잡혀가셨다가 곧 돌아오셔서 6개월 만에 나를 낳으셨다. 내가 어찌 금돼지의 자식이 될 수 있겠는가? 만약 금돼지의 자식이라면 이목구비가 금

돼지와 같지 아니하고 사람과 같겠는가? 아버지께서 나를 자기 자식이라 하지 않으시고 길에다 버렸으니 내가 무슨 면목으로 부모님을 보겠는가? 만약 강제로 나를 보시고자 한다면 마땅히 바다로 들어가 섬으로 가 버리겠다."

이때 아이의 나이 3세더라. 이적 등이 할 수 없이 돌아가 사또께 고하니 충이 도리어 부끄러워하며 자책하여 말하기를,

"모든 것이 나의 잘못이로다."

하였다. 곧 문창 군민 수백 명을 이끌고 바다 어귀에 나아가 바닷가에 대를 쌓아 올리고 아울러 높은 다락을 짓기 시작하였다. 다락이 다 완성되어 아이를 부르니 그 아이가,

"일찍이 멀리 버려진바 되었더니 이제 나를 위하여 누대까지 지어주시니 밝은 하늘을 대할 면목이 없습니다."

하고 엎드려 우는지라. 충이 이를 보고 부끄러워 말하였다.

"내가 너를 볼 면목이 없구나. 다시는 이런 과실은 말하지 말아다오."

누대 이름을 월영대라 짓고, 3척 쇠지팡이를 모래에 글씨 쓰는 지팡이로 삼으라 하고 돌아왔다. 그날 하늘의 수천 선인이 대 위에 구름같이 모여 앉아 각기 배운 바를 다투어 가르치니, 이로 인하여 아이가 문장의 이치를 크게 깨달아 마침내 문장가가 되었다. 아이는 항상 쇠지팡이를 가지고 모래 위에 글씨를 쓰니 쇠지팡이가 닳아서 반 자 쯤만 남았다. 그는 음성이 청아하고 매양 시를 읊는 데 있어서 음률이 틀리지 않았다.

하루는 달빛이 낮과 같이 밝은 밤에 피리 소리가 은은하게 들려오고 있었다. 이때에 중원 천자가 후원에 나가 달을 바라보며 서 있었다. 멀리서 시 읊는 소리가 들리는데 참으로 청아하고 담백하였다. 이에 천자는 시중 드는 신하에게 물었다.

"시 읊는 소리가 어디서 들려오느냐?"

신하가 대답하였다.

"작년 이래 달 밝고 바람 맑은 밤이면 시 읊는 소리가 신라 쪽에서 들려옵니다. 하늘을 우러러 기상을 살피니 동쪽 나라에 귀한 별이 나타났으니 아마도 동국에 현자가 있는가 하옵니다."

천자께서 들으시고 말씀하셨다.

"신라가 작은 나라이기는 하나 옛날에도 현자가 있었느니라. 이렇듯 만 리 떨어진 외지에서 들을 때 이렇듯 시 읊는 소리가 아주 낭랑하게 들리니, 하물며 가까운 곳에서 듣는다면 어떠하겠느냐?"

칭찬을 마지않더니 말씀하시기를,

"재주 있는 선비를 신라에 보내어 그곳 선비와 더불어 재주를 겨루게 하리라."

하시고 즉시 군신을 불러, 여러 재사 중에서 문장의 재주가 탁월한 자 두 사람을 뽑아 보내게 하시었다.

두 학사는 배를 타고 바다로 향하여 가다가 월영대 아래에 이르러 해가 지니, 배를 그 대 아래에 멈추었다. 이때가 가을이 한창인 때의 보름날 밤이었다. 밝은 달은 물결 속에 잠겨 있고, 맑은 바람은 서서히 불어오며, 밤은 고요한데 물고기가 뛰놀아 맑은 흥취가 날을 듯이 일어나는지라. 두 학사가 즉시 시 한 수를 지어 읊었다.

   삿대는 물결 밑 달을 꿰도다.   棹穿波底月

이때 다락 밑 모래 위에서 이어서 한 수를 읊는다.

배는 물 가운데 하늘을 누르네.　　　　　　　艇壓水中天

이 소리를 듣고 학사가 놀라 돌아보며 말했다.
"누가 읊었는고?"
학사는 어린아이가 읊었을 줄은 꿈에도 모르고 또 한 수를 읊는다.

물새는 떴다가 다시 잠기네.　　　　　　　水鳥浮還沒

하니 또 소리 내어 읊기를,

산 구름은 끊어졌다 다시 이어지네.　　　　山雲斷復連

학사가 깜짝 놀라 아이를 바라보며 비웃듯이 또 읊었다.

새와 쥐가 어찌하여 짹짹거리느냐?　　　　鳥鼠何雀雀乎

아이가 또 대구했다.

돼지와 개가 어찌하여 멍멍 짓느냐?　　　　猪犬忽蒙蒙乎

학사가 말했다.
"개는 '멍멍' 짓지만 돼지도 그리 짓느냐?"
하니 아이가 대꾸했다.
"새는 짹짹하나 쥐도 그러합니까"

학사가 그만 대답하지 못하고 물었다.

"어디에 사는 아이인데, 이 깊은 밤에 여기에 있느냐?"

아이가 대답하되,

"소인은 신라 나 승상 천업의 종입니다. 주인의 명을 받아 이곳에 와서 바둑돌을 줍고 있는데 날이 저물어 돌아가지 못하였습니다."

사신이 또 물었다.

"너는 몇 살이냐?"

아이가 대답했다.

"여섯 살입니다."

두 학사는 동자가 문장에 능함을 보고 의논하기를,

"이제 겨우 6세의 어린아이가 이렇듯 재능이 탁월하다면 신라의 선비들을 어찌 당하겠는가?"

하고 아이에게 다시 물었다.

"나라 안에 재주 있는 선비들이 많이 있느냐?"

대답하기를,

"특별히 재주가 뛰어나 이름을 얻은 사람들이 수백 명이요, 문장가는 수레에 실어도 그 수를 다 헤아릴 수 없습니다."

하니 두 학사가 또 의논하였다.

"문장에 재능 있는 자가 나라에 가득하다니 들어간들 이익이 될 리 없으니 아니 들어간 것만 못하리니 그냥 돌아갑시다."

라고 하였다. 두 학사가 중원으로 돌아가서 황제께 아뢰었다.

"신라에는 뛰어난 문인과 재주 있는 선비가 수를 헤아리지 못할 정도로 많이 있고, 신 등과 같은 수준의 사람이 수백이나 되어 감히 대적할 수 없겠습니다."

황제가 이 말을 듣고 크게 화를 내어 가탈을 잡아서 신라를 치고자 하였다. 계란을 솜으로 여러 번 싸서 돌함에 놓고 황초를 불에 녹여 그 안을 채워서 흔들리지 않게 하고, 또 구리쇠를 녹여서 함에 부어 열어 보지 못하게 하여, 겉봉을 봉한 편지와 함께 신라에 보내었다. 봉서의 내용은 이러했다.

> 너희가 바닷가에 붙은 하찮은 나라로서 재주로 대국을 업신여기는 까닭에 이 돌함을 보내노니, 함 속에 있는 물건으로 시를 지어 보내라. 만약 그렇지 못하면 마땅히 살육의 불바다를 당하리라.

대국 사신이 조서를 받들고 계림에 도착하니 신라 왕이 몸소 마중 나가서 받들어 모시고, 조서를 읽어 보시고는 즉시 나라의 선비들을 불러 모았다.
"너희 선비들 중에 이 함 속에 있는 물건을 알아내어 시를 짓는 사람은 벼슬을 올려주고 또 작위를 군으로 봉하여 녹을 후하게 주고 공로를 기리겠다."
하므로 아무도 그 물건을 알아내지 못하여 온 조정이 들끓더라.

* * *

이때에 아이가 경성(경주)에 들어가서 스스로 거울을 고치는 일을 하며 나 승상 댁 문 앞까지 이르게 되었더라. 마침 나 승상의 딸이 거울을 보다가 거울 빛이 퇴색되었으므로 고치려고 유모를 시켜 고쳐 오도록 하였다. 아이가 거울을 받으며 나 승상의 딸을 보니 아름다운 아가씨였다. 아이는 거울을 고치다가 일부러 돌에 떨어뜨려 거울을 깨뜨렸다. 유모가 깜짝 놀라 발을 구르고 머리를 가로저으며 꾸짖으니 아이가 울며 애걸하듯 말했다.

"이미 거울이 깨졌으니 방법이 없는지라. 이 몸이 종이 되어 거울 깨뜨린 보상을 하겠으니 청을 들어 주십시오."

유모가 들어가 승상께 고하니 승상께서 허락하셨다.

"너의 이름은 무엇이며 어디에 살고 있느냐?"

아이가 대답하였다.

"거울을 고치다 깨뜨렸으니 파경노(破鏡奴)라 불러 주십시오. 소인은 일찍 부모를 여의어 갈 곳이 없습니다."

승상은 파경노에게 말 먹이는 일을 하도록 하였다. 파경노가 말을 타고 나가면 말 무리가 열을 지어 뒤따랐으며 조금도 싸우는 일이 없었다. 이후로 말들이 살찌고 여윈 말이 없었다. 파경노는 아침에 말 무리를 이끌고 나가 사방에 흩어 놓고 숲 속에서 온종일 시를 읊으면 푸른 옷을 입은 아이 수 명이 어디서 왔는지 혹은 말을 먹이고, 혹은 채찍으로 훈련시키더라. 해가 지면 말들이 구름같이 모여 파경노 앞에 늘어서서 머리를 조아리니 보는 이마다 신기함을 칭찬하지 않는 이 없더라. 나 승상의 부인이 이 소문을 듣고 승상께 말했다.

"파경노는 얼굴 모습이 기이하고 말 다룸도 또한 기이하니 보통 아이가 아닌 것 같사옵니다. 부디 천한 일을 시키지 마옵소서."

승상도 옳게 여겼다. 이전에 동산에다 나무와 꽃을 많이 심었으나 잘 가꾸지 못하여 거칠어지고 매몰되어 잡초 속에 묻혀 버렸는지라. 이에 파경노에게 꽃밭 가꾸는 일을 맡기었다. 경노는 또한 한가로이 꽃밭에 앉아서 시만 읊고 있을 뿐 가꾸는 일은 하지 않으나, 하늘에서 선녀가 밤에 내려와 거름을 주어 가꾸고 혹은 풀을 뽑으니 신선계의 이름난 꽃과 인간계의 계수나무 꽃이 전보다 배나 더 아름답고 무성하였다.

파경노가 꽃을 가꾼 이후 아름다운 꽃들이 난만하여 봉황새와 학이 꽃나무 가지에 집을 짓고, 노랑 벌과 하얀 나비는 잎 사이를 날아다녔다. 파경노가 봉황새 우는 소리를 듣고 슬픈 노래를 지어 불렀다. 이때에 승상이 아름다운 꽃들이 만개하였다는 이야기를 듣고 동산에 들어와서 꽃을 구경하면서 파경노에게 물었다.

"네 나이가 몇이냐?"

"예, 열한 살이옵니다."

"글자를 잘 아느냐?"

"아직 모르옵니다."

"내 나이 11세에 글을 잘 알았거늘 너는 어찌 모르느냐?"

"일찍이 부모를 잃어 글을 배우고자 하여도 배울 수 없었습니다."

"배우고자 한다면 내가 너에게 가르쳐 주리라."

"감히 청할 수는 없사오나 바라던 바이옵니다."

승상이 웃으며

"저놈 봐라."

라고 놀리시는지라. 파경노가 웃으며 물러나면서 혼잣말로,

"가소롭도다. 내게 글을 가르쳐 주겠다니 승상이 어찌 능히 나를 가르칠 수 있겠는가? 참으로 우습도다."

하였다.

* * *

그 후 파경노가 들으니 승상의 딸이 동산의 꽃을 구경하고자 하나 파경노가 항상 지키고 있어 구경을 하지 못한다 하였다. 파경노가 승상께 아뢰었다.

"소인이 이곳에 온 지 수년이 지났으니, 고향에 돌아가 친척을 찾아보고 수일 내로 돌아오겠습니다."

승상이 이를 허락하였다. 파경노가 돌아 나와 다시 꽃밭으로 숨더라. 승상의 딸이 파경노가 고향에 갔다는 소문을 듣고 동산에 들어가 꽃을 감상했다. 마침 맑은 바람이 일어나고 꽃향기가 온몸에 스며들고, 붉은 봉오리 푸른 잎에는 벌과 나비들이 서로 다투어 향을 훔치려 하매 즉석에서 시 한 수를 읊었다.

꽃은 난간 앞에서 웃음을 띠지만 소리는 들리지 않는구나!

花笑檻前聲未聽

파경노가 대구하여 읊었다.

새는 숲속에서 울지만 눈물은 볼 수가 없구나!

鳥啼林下淚難看

승상의 딸이 깜짝 놀라 부끄러워 집으로 돌아갔다.

이 해에 여러 유생들이 표를 올렸는데,
"함 속에 있는 물건을 능히 알아내지 못하였사오니 엎드려 죄를 청하옵니다."

하더라. 이에 국왕께서 매우 근심하고 있는데 시중드는 신하가 아뢰었다.

"어진 신하는 구하고자 해도 얻을 수가 없사오니, 바라옵건대 대왕께서는 여러 신하 가운데서 문학이 뛰어나고 벼슬이 제일 높은 승상 나천업에게 전적으로 맡기시면 어느 정도 알아낼 수 있겠습니다."

국왕은 나 승상을 불러 돌함을 맡기면서 일렀다.

"과인이 부덕하여 천조에서 막중한 물건을 보냈으니 가장 어려운 문제다. 여러 대신 중에서 그대가 글재주가 가장 뛰어나니 능히 알아내어 시를 지을 수 있을 것이므로 함을 맡기겠다. 연구해서 시를 지어 오도록 하라. 만약 연구치 못한다면 경의 가족들은 관비가 될 것이요, 경은 천조에 보내어 연구해 내지 못한 죄를 당할 것이다."

나 승상은 머리를 숙여 명을 받고 돌함을 안고 집으로 돌아왔다. 온 집안이 놀래어 통곡하더라.

승상이 눈물을 흘리며 먹지도 않고 누워 있은 지 여러 날이 지났다. 파경노는 모르는 체하면서 사람들에게 물었다.

"상전 일가가 어찌하여 슬픔에 잠겨 있으며 승상 나리께서는 잡수시지도 않으시니 무슨 일이 있습니까?"

대답하기를,

"이러이러한 일이 있어 걱정하신다."

하였다.

파경노는 겉으로는 근심하는 척하면서 속으로는 기뻐하였다. 우선 나 소저를 시험해 보고자 꽃가지를 꺾어 들고 나 소저의 방 창밖으로 갔다. 나 소저는 눈물을 흘리며 울다가 벽에 걸린 거울에 사람의 그림자가 어른거리는 것을 보았다. 나 소저가 창틈으로 내다보니 파경노가 꽃가지를 꺾어 들고 문 밖에 서 있었다. 나 소저는 이상하게 생각하여 물어 보니 파경노가 말했다.

"낭자께서 이 꽃을 좋아하시기에, 아직 시들기 전에 꺾어 가지고 왔사오니 받아서 구경해 보십시오."

하니, 나 소저가 한숨을 쉬면서 받지 않거늘 파경노가 위로하며 말했다.

"거울 속에 비치는 그림자가 도리어 낭자의 근심을 덜어 드릴지 누가 알겠습니까? 근심 마시고 속히 받으십시오."

나 소저가 문득 일어나 얼굴을 가리고 꽃을 받아 부끄러운 듯이 들어가 버렸다. 그리고는 아버지께 고하기를,

"파경노가 비록 어리지만 재주와 학문이 남보다 뛰어나고, 신기롭고 호협한 기상이 있습니다. 생각하건대 능히 함 속의 물건을 알아내고 시를 지을 수 있을 듯하옵니다."

하였다. 승상이 말하기를,

"너는 어찌하여 함부로 그런 말을 하느냐? 만약 파경노가 능히 알아낼 수 있을진대 일국의 이름 높은 선비들이 어찌 알아내지 못하여 끝내는 내게 맡기겠느냐?"

하므로 소저가 다시 말했다.

"부엉이는 낮엔 보지 못하나 밤엔 잘 보고, 꾀꼬리는 낮에는 잘 보나 밤에는 잘 보지 못하는데 이것은 각기 잘하는 것이 다르기 때문이옵니다. 어찌 뜻이 있어 새가 새끼를 낳겠습니까? 파경노가 비록 어리나 큰 재주가 있음을 어찌 알겠습니까?"

하고 파경노가 근심하지 말라는 말과 또 꽃밭에서 화답하여 읊은 시 이야기를 하고 다시 말씀드렸다.

"소녀가 어찌할 수 없는 일을 능히 할 수 있다고 말씀드리겠습니까? 바라옵건대 한번 불러서 시험해 보십시오."

하니 승상이 그럴듯하게 여겨 파경노를 불러 이르더라.

"나라가 불행하여 대국이 견책을 보내와 왕께서 근심만 하시기로 불행히 내가 돌함을 받아가지고 왔다. 내가 거의 죄를 당하게 되어 여러 날을 망설여 왔으나 이제 너에게 넘길 것이니 연구하여 시를 지으라. 그러면 특상을 내릴 뿐만 아니라 나라의 근심을 없게 될 것이다."

파경노가 듣고 웃으면서 대답하기를,

"온 나라의 능한 문장가들이 하지 못한 것을, 하물며 석 자밖에 안 되는 어린아이가, 배우지도 못하고 알지 못하는 소인이 어찌하겠습니까?"

하니, 승상이 기쁜 마음이 없어졌다.

나 소저가 다시 여쭈었다.

"지극히 어려운 일을 평범하게 이르시면 어찌 순순히 응하겠습니까? 삶을 좋아하고 죽음을 싫어하는 것은 인지상정이 아니겠습니까? 옛날 어떤 사람이 앉아서 형을 당하게 되었는데 형리가 묻기를, '네가 만약 시를 지을 수 있다면 마땅히 풀어 주리라.'라고 하므로 일자무식이면서도 능히 시를 지었다 합니다. 하물며 파경노는 학문이 넉넉하여 시를 지을 수 있지만 일부러 모른다고 한 것이오니, 아버님께서 파경노에게 만약 시를 짓지 못하면 죽이겠다고 협박하신다면, 파경노인들 어찌 삶을 좋아하고 죽음을 싫어하는 마음이 없겠습니까?"

승상이 바로 파경노를 불러 협박하며 말했다.

"네가 이미 내 집에 종이 되었거늘 내 집을 위하여 말을 듣지 않으면 그 죄는 죽어 마땅하리라."

하고는 다른 종에게 명하여 죽이려 하니, 파경노는 일부러 두려운 듯이 허락하고 돌함을 가지고 나갔다.

파경노가 중문 안에 앉아서 혼잣말로 중얼거렸다.

"내가 품고 있는 일은 이루지 못하고 별안간 뜻밖의 일을 당하였으니, 시 짓기는 어렵지 않으나 생각할수록 분함을 이기지 못하겠구나."

이때 승상 부인이 지나가다가 파경노의 혼잣말을 엿듣고 승상께 아뢰었다.

"파경노의 말이 이러하오니 반드시 소원하는 바가 있을 것이옵니다."

승상이 이 말을 듣고 유모를 시켜 물었다.

"네가 문예가 뛰어나 충분히 할 수 있으면서도 죽기를 거부하니 필시 소원이 있을 것이다. 내게 숨기지 말고 바른 대로 말하면 내가 마땅히 너를 위해 힘쓰겠다."

파경노가 말없이 한참 있다가 대답했다.

"승상께서 소인을 사위로 삼는다면 내 곧 시를 짓겠소."

유모가 들어가 승상께 보고하니 승상이 소리를 지르며 말했다.

"어찌 종을 사위로 삼을 수 있겠느냐? 네가 잘못 듣고 전하는 것이 아니냐?"

다시 유모에게 선녀의 모습을 그린 그림을 내주면서 말했다.

"파경노가 만약 시를 지으면 이와 같은 미인에게 장가를 보내 주겠다고 말해라."

유모가 파경노에게 전하였다.

"종이 위에 그린 떡을 하루 종일 바라본들 어찌 배가 부르리까? 반드시 먹은 후에야 배가 부를 것입니다."

하고는 함을 발로 차서 밀치고 비스듬히 누워서 말하기를,

"나를 비록 마디마디 벤다 해도 시를 짓지 못하겠노라."

하더라.

유모가 들어가서 그 말대로 아뢰니 승상이 말없이 앉아 있는데 딸 운영이 눈물을 닦으며 고했다.

"우리 가문의 성패가 이번 일에 달려 있사옵니다. 옛날 제영이라는 여자는 관비가 되어 들어가서 아버지의 형을 속죄하였다 합니다. 아버님께서 딸을 사랑하는 마음 때문에 요구를 좇지 않으시면 화를 면하기 어렵습니다. 바라옵건대 이 몸으로 아버님의 화를 면하도록 하여주십시오. 이제 제 말씀을 들어 주시지 않으시면 후회하심이 클 것이며, 이미 어쩔 수 없게 될 것입니다. 예부터 세상에 몸 외에 더 사랑하고 귀한 것이 있겠습니까?"

승상이 말했다.

"네 말이 기특하구나. 부모의 마음은 사랑하는 딸을 차마 비천한 가문에 허락할 수 없고, 또한 죽도록 원한이 있을까 걱정하는 것이다. 다만 눈썹을 불사르는 화를 면하고자 함인데 네 말이 정녕 그럴진대 무슨 걱정을 하겠느냐."

운영이 말씀드렸다.

"부모님이 자식을 사랑하는 마음이나 딸이 부모님께 효도하고자 하는 마음이 매한가지입니다. 오늘의 일은 반드시 소녀가 몸을 더럽힌 연후에야 해결될 것입니다."

승상이 말하기를,

"이제 네 말을 들으니 참으로 효녀의 정성이로다."

하고 친척들에게 정혼을 통지하니 모두 한뜻으로 좋다고 하더라. 승상이 즉시 시비에게 명하여 파경노를 목욕시켜 때를 씻게 하고 비단옷을 입혀 혼례를 하여 사위로 삼더라.

다음날 아침 승상이 시비에게 명하여 신방에서 시 짓는 모습을 엿보라 하였다. 이때에 파경노가 자기 이름을 지어 치원이라 하고, 자를 고운이라 하더라.

운영이 옆에 앉아서 시 짓기를 재촉하니 치원이 말했다.

"시는 내일 중으로 지을 것이니 너무 재촉하지 마시오."

하고는 운영더러 종이를 벽 위에 붙여 놓도록 하고 스스로 붓 대롱을 잡아 발가락에 끼고 갔다. 운영이 또한 근심하다가 고단하여 자는데 꿈속에 쌍룡이 하늘에서 내려와 함 속에 서로 엉켜있고, 무늬 옷을 입은 동자 10여 명이 함을 받들고 서서 소리 내어 노래하니 함이 열리는 듯하더니, 쌍룡의 콧구멍에서 오색의 서기가 나와서 함 속을 환히 비추었다. 그 안에 붉은 옷을 입고 푸른 수건을 쓴 사람들이 좌우로 늘어서서 혹은 시를 지어 읊고, 혹은 붓을 잡아 글씨를 쓰는데, 승상이 빨리 시를 지으라고 재촉하는 소리에 운영이 놀래어 깨어 보니 꿈이더라. 치원 역시 깨어나 시를 지어 벽에 붙은 종이에다 써 놓으니 용과 뱀이 놀라 꿈틀거리는 것 같더라. 벽에 쓴 시는 이러했다.

둥글고 둥근 함 속의 물건은
반은 희고 반은 노란데
밤마다 때를 알아 울려 하건만
뜻만 머금을 뿐 토하지 못하도다

치원이 운영을 시켜 승상께 바치게 하니 승상이 믿지 않다가 운영의 꿈 이야기를 듣고서야 믿고 대궐로 들어가 왕께 바치었다.

왕이 보시고서 크게 놀래어 물으시기를,

"경이 어떻게 알아가지고 시를 지었느뇨?"

대답하기를,

"신이 지은 것이 아니옵고 신의 사위가 지은 것이옵니다."

하였다. 왕은 사신을 보내어 대국 황제께 바치었다. 황제가 보고 말하기를,

"단단석함리(團團石函裡) 반백반황금(半白半黃金)은 맞는 귀이나 야야지시명(夜夜知時鳴) 함정미토음(含情未吐音)이라 한 것은 잘못이로다."

하고 함을 열고 달걀을 보니, 여러 날 따뜻한 솜 속에서 병아리가 되어 있으매 황제가 탄복하면서 말하였다.

"이는 천하의 기재로다."

학사를 불러 보이니, 학사 또한 칭찬하여 마지않더라. 그러더니 이윽고 아뢰기를,

"상대편의 소매 속에 있는 물건도 오히려 알기가 어렵거늘 만 리 떨어진 곳에서 능히 연구하여 이같이 상세히 알아냈으니, 자고로 중원에서 이 같은 기이한 재주를 가진 학자가 있었다는 말을 들어 보지 못하였습니다. 오직 걱정되는 것은 소국이 대국을 멸시할 단서가 될까 하옵니다. 바라옵건대 시를 지은 자를 불러들여 어려운 문제를 능히 풀어낸 사유를 물으심이 좋겠습니다."

하니, 황제께서 이 말을 옳게 여기시고 신라에 시 지은 선비를 보내도록 지시하였다.

신라 왕이 놀라서 승상 천업을 불러 의논하였다.

"천자가 우리나라를 침공하고자 하여 이번에는 시 지은 선비를 불러들였다. 그대의 사위는 나이가 어려 만 리 밖에 보내기가 어려우니 그대가 대신 가는 것이 어떻겠는가?"

승상이 머리를 조아려 대답했다.

"원하옵건대 평안하소서."

전교를 받아 집으로 돌아오자 울음을 터뜨리며 집안사람들에게 말하였다.

"중국 천자가 시 지은 선비를 보내라 하시니 최랑은 어려서 보낼 수가 없고 내가 대신 가야 한다. 그러나 한번 가면 살아 돌아올 계교가 없으니 어찌 하면 좋을꼬?"

온 집안이 통곡하고 어찌할 바를 모르더라. 이에 나씨가 최랑에게 말했다.

"천자가 시 지은 선비를 부르는데 아버님께서 대신 가신다 하나 머나먼 길에 돌아오시기가 어려울 뿐만 아니라 반드시 큰 화를 입으실 것이옵니다. 부녀간의 정에 측은함을 참을 수 없습니다."

최랑이 타이르며 말했다.

"승상께서 대신 가실 수 없소. 응당 내가 가야 하오."

운영이 말하기를,

"이제 당신이 소첩을 버리고 만 리 밖에 가시고는 어찌 능히 무사히 돌아올 수 있겠습니까?"

운영이 눈물을 흘리니 최랑이 위로하여 말했다.

"그대는 이태백의 시를 들어 보지 못하였소? 하늘이 나를 낳을 때는 반드시 쓸 일이 있는 것이니, 지금 중국에 들어가면 특별한 대우를 받아 승상이 될 것이며 금의환향하는 영광을 그대에게 보일 것이니, 어찌 즐거운 일이 아니겠소? 대장부 세상에 태어나서 천하를 두루 돌아다니는 것은 진실로 장부의 할 일이거늘 어찌 돌아오기 어려움이 있겠소? 내 말을 의심치 말고 승상께 자세히 말씀드리시오."

운영이 들어가서 승상께 아뢰었다.

"최랑의 말이 본인이 응당 가겠다고 하옵니다."

최랑의 이야기를 전하니 승상이 들으시고 말했다.

"어질도다, 우리 최랑이여. 어린 나이로 그런 말을 하다니 참으로 어질지 않고서야 그와 같겠느냐?"

승상은 곧 대궐로 들어가 아뢰었다.

"신의 사위 최랑이 스스로 가기를 청하옵고, 다른 사람이 대신 갈 수는 없다고 하옵니다."

왕께서,

"경이 이미 사위를 대신 보내기로 하였다면 사위를 보냄이 좋겠소."

하더라. 이에 대답하여 아뢰기를,

"신의 사위 나이는 어리지만 재주와 학문이 신보다 열 배나 더 뛰어납니다. 만약 신이 대신 갔다가 황제께서 다시 시를 지으라고 하여 감히 시를 짓지 못하면 전일에 우리나라의 빛남이 도리어 헛되게 되겠기로 최랑을 보내고자 하옵니다."

왕께서도 옳게 여기시고 허락하시더라.

다음날 치원이 왕을 알현할 때 물으시기를,

"너의 나이 몇이나 되었느냐?"

대답하여 아뢰기를,

"열두 살이옵니다."

왕께서 말했다.

"나이 어린 아이가 중국에 들어가서 능히 감당해 내겠느냐?"

대답하기를,

"만약 나이가 많아야 큰일을 감당해 낼 수 있다면, 우리나라에서는 나이 많은 사람으로서 함 속의 물건을 알아내지 못하고 어찌하여 소인을 곤란케 하셨습니까?"

왕께서 끔쩍 놀라시며 다시 물었다.

"네가 중원에 가면 어떤 방법으로 천자를 대하겠느냐?"

최랑이 아뢰었다.

"어른이 어린아이를 대함에 어른의 도로써 어린아이를 대접하지 않으면 곧 어린아이는 어린아이의 도로써 어른을 섬기지 않을 것입니다. 이제 중국이 대국의 도로써 소국을 대접하지 않으면 어찌 소국의 도로써 대국을 섬기겠습니까? 그런데 이제 그렇지 아니하고 도리어 소국을 치고자 하여, 돌함에다 달걀을 넣어 우리나라에 보내어 시를 지으라 하고, 또 질투하여 시 지은 선비를 보내라 하니 그 뜻을 알지 못하겠습니다. 대국의 도를 반복하기를 이같이 하고 소국으로 하여금 소국의 도로써 섬기게 하고자 하니 이것은 나무에서 물고기를 구하는 무리와 같습니다. 단지 이로써 황제를 상대할 것입니다."

왕이 그 말을 기특하게 여기고 자리에서 내려오셔 서 최랑의 손을 잡으시며 말씀하였다.

"네가 중원에 들어간 이후 너의 가족은 짐이 마땅히 맡아서 돌보겠다. 의복과 음식을 주어 네가 돌아오기를 기다릴 것이다. 지금 네가 떠남에 있어서 어떠한 물건을 원하느냐?"

최랑이 대답하였다.

"다른 물건은 원치 않고 50척 되는 사모를 원하옵니다."

이에 왕이 즉시 사모를 만들어 주었다. 치원이 은혜를 감사하며 절하고 나와서 자칭 '신라 문장 최치원 12세'라 하더라.

* * *

　치원은 중원을 향하여 떠남에 있어서 먼저 패문을 보내니 빛나는 명성이 원근에 전파되더라. 중원의 모든 사람들이 치원의 재주가 뛰어남이 천하에 제일이고 고금에 들어 보지 못한 일이라 하여 모두 보고 싶어 미치지 못할까 걱정하더라. 바닷가에 이르러 온 집안 식구가 잔치를 베풀고 치원을 전송하였다. 운영은 이별의 슬픔을 이기지 못하여 시를 지어 읊었다.

　　백조는 쌍쌍이 짝을 지어 구름 속에 나부끼고
　　돛단배는 가다가다 푸른 하늘에 닿았어라.
　　이별 술에 노래 곱건만 기쁜 생각 전혀 없고
　　오랜 세월 등불 앞에 이내 시름 쌓이리라.

　치원이 화답하여 읊었다.

　　동방에 밤마다 괴로워 말고 시름 마오.
　　화창한 고운 얼굴 쇠해질까 두렵네.
　　이번 가면 공명 응당 가져와서
　　그대에게 부귀 주어 즐겁게 살아 보리.

　여러 전별하는 사람들과 작별하고 배를 타고 첨성도에 이르렀다. 갑자기 배가 돌며 앞으로 나아가지 않았다. 치원이 사공에게 까닭을 물으니 대답하였다.

"이 섬에 신이 있다더니 아마 용의 소행인가 합니다. 한번 올라가 보면 좋겠습니다."

치원이 배에서 내려서 섬으로 올라가니 한 소년 서생이 있는지라. 치원이 물었다.

"너는 어떠한 사람이냐?"

서생이 일어나서 공경을 다하여 절하며 대답하였다.

"저는 용왕의 둘째 아들 이목입니다."

치원이 또 물었다.

"어찌하여 여기에 왔느냐?"

대답하기를,

"이제 들으니 천하 문장이신 선생이 이곳을 지나신다 하여서 왕께서 선생을 한번 뵙고자 저를 보내셨기에 선생을 모시고자 이곳에 왔습니다."

하므로 치원이 말했다.

"용왕은 수부에 있고 나는 인간 세상에 있는데, 수륙의 길이 달라 말이나 소가 서로 미치지 못하거늘 한번 가서 용왕을 뵙고자 한들 어찌 이룰 수 있겠소? 그리고 또한 갈 길이 바쁜데 무슨 여가가 있어 수궁에 가서 놀겠는가?"

이목이 말하였다.

"제가 사는 곳은 인간계와는 달라 공자 성인의 학문이 없는 까닭으로 어찌할 도리가 없다가 이제 다행히 선생을 만났으니 어찌 하늘의 도우심이 아니겠습니까?"

치원이 갈 길이 바쁘다고 사양하니 이에 이목이 다시 간청하였다.

"잠시 동안이니 선생은 눈을 감으소서."

하는지라. 치원은 이목이 시키는 대로 하였다. 이목이 치원을 등에 업고 바위 밑으로 들어가니 용왕이 기다리고 있었다. 이목이 용왕께 보고하니 크게 기뻐하며 나와 치원을 맞이하였다. 용왕이 치원과 마주 앉아 주연을 베푸는데, 소반에 차려 놓은 음식과 접시가 세상 것과는 전혀 다르더라.

용왕이 학문을 청하니 치원이 시와 글씨를 몇 편 내어 보이니 용왕이 기쁨을 이기지 못하더라. 인하여 용궁 서책을 보이는데 그 글이 전자와 같아서 알지 못하겠더라. 치원이 길이 바빠 떠나려 하자 용왕이 말하기를,

"문장이 다행히 수부에 오셔서 쉬지도 않고 돌아가시려 하니 나의 마음이 매우 섭섭하오. 나의 둘째 아들 이목이 재주와 기운이 사람보다 월등하니 만일 데리고 가신다면 비록 어려운 일이 있더라도 능히 당해낼 것이오."

하니 치원이 허락하였다. 작별을 고한 후에 이목과 함께 돌아오니 사공이 바위 밑에 배를 닿아 놓고 울고 있었다. 치원을 보고는 놀라 말했다.

"어디 갔다가 이제 오십니까?"

치원이 말하길,

"용왕이 간곡히 청하는 고로 잠시 갔다 왔네."

사공이 다시 말하기를,

"어제 명공께서 제를 지내실 때 별안간 일진광풍이 일어나고 물결이 용솟음치고 대낮이 캄캄해지기로 제사를 지내도 용신이 내려오지 않아 그런가 하고 울었습니다. 그런데 어찌하여 용왕은 청해 오지 않았습니까?"

하거늘 치원이 말했다.

"용왕이 내려오지 않은 것은 내가 수궁에 들어간 때일 것이다. 의심하지 말게."

사공이 물었다.

"저 사람은 누구십니까?"

"저 사람은 수부의 현인이다."

"어찌하여 여기에 왔습니까?"

"함께 중원에 갔다 올 것이다. 그리고 어제 광풍이 일어나고 어두워진 것은 이 사람이 여기에 오느라고 그런 것이다."

대답하고 돛을 달고 떠나니 오색 운기가 항상 돛대 위를 감돌았으며 맑은 바람이 서서히 불어오고 물결이 일지 않더라.

가다가 중이도에 다다르니 오랫동안 비가 오지 않아 붉은 땅이 천리나 되었다. 그 섬의 사람들이 문장이 왔다는 소문을 듣고 몰려나와 절하며 맞이하고 애걸하였다.

"이 섬이 불행하여 가뭄이 심하므로 만물이 다 죽게 되었습니다. 대현을 만났으니 밝은 덕으로 죽어가는 목숨을 건져 주시기 바라옵니다."

치원이 중이도 백성들에게 말했다.

"비가 오고, 오지 않는 것은 하늘의 뜻이거늘 내가 어찌하겠소?"

이에 섬사람이 대답했다.

"대현께서 정성을 다하여 기원하면 하늘이 반드시 감동하실 것입니다. 원하옵건대 명공께서 십분 정성을 다해 기도하시어 죽어 가는 백성을 살려 주십시오."

치원이 어찌할 수 없어서 이목을 돌아보며 말했다.

"그대가 비를 빌어 나를 위하고 죽어 가는 섬사람들을 살려 줄 수 없겠소?"

하고 이목에게 강청하니 이목이 산속으로 들어갔다. 조금 후에 검은 구름이 하늘에 가득하고 하늘과 땅이 뒤섞여 어둡더라. 곧 비가 내리는데 물을 쏟는 것과 같아서 잠깐 사이에 물이 넓은 들에 넘치고, 섬사람들이 매우 좋아하더라.

이목이 산에서 내려와 치원의 옆에 앉아 있는데, 다시 구름이 모이고 우렛소리가 진동하면서 폭우가 쏟아졌다. 그러더니 푸른 옷을 입고 도깨비같이 생긴 스님이 붉은 칼을 들고 치원에게로 내려왔다. 이목이 자기의 죄를 아는지라 재빨리 뱀으로 변하여 치원이 앉은 밑으로 들어가 몸을 숨겼다. 그 중이 치원에게 와서 꿇어앉아 말하였다.

"내가 천제의 명을 받아 이목을 베러 왔나이다."

치원이 묻되,

"무슨 죄를 지었기로 그러는고?"

하니 대답하기를,

"이 섬에 사는 사람들은 인륜을 알지 못하여 부모에게 불효하고 형제간에 우애가 없으며, 곡물을 낭비하고 음식 찌꺼기를 길에 마구 버리고, 특히 강자가 약자를 업신여깁니다. 그러므로 천제께서 그 악습을 미워하여 배고프고 추운 벌을 주셨습니다. 그런데 지금 이목이 하늘의 명이 있지 않은데도 불구하고 제 마음대로 비를 내리게 하였으므로 이목을 베라 하였습니다."

귀승의 말을 듣고 치원이 말하였다.

"이 섬사람들의 처지가 차마 볼 수 없는 비참한 현상이라 내가 비를 내리라 부탁하였습니다. 이목에게는 없으니 벌을 주려거든 나를 벌주시오."

하늘에서 내려온 스님이 말했다.

"천제께서 제게 명하실 때 치원이 하늘에 있을 때에 자그마한 죄를 지어 잠시 인간계에 귀양 보냈거니와 네가 가면 치원이 반드시 이목을 구하고

자 할 것이라고 하셨습니다. 이같이 간절히 만류하시니 벨 수가 없습니다."

하고는 곧 하늘로 올라가 버렸다. 이목이 다시 사람으로 변하여 치원에게 사례하며 말했다.

"만약 선생이 아니었다면 어찌 목숨을 보전할 수 있었겠습니까? 그런데 선생께서는 무슨 죄를 지었기에 인간계에 귀양 오셨습니까?"

치원이 대답했다.

"내가 월궁에 있을 때 계수나무 꽃이 아직 피지 않았는데도 피었다고 천제께 아뢰었기 때문에 귀양 왔다. 나는 아직 용의 모습을 보지 못하였으니 자네가 나를 위하여 한번 보여 주지 않겠나?"

하니 이목이 말했다.

"보여 드리기는 어렵지 않으나 선생이 놀라실까 두렵습니다."

치원이 말했다.

"내가 하늘의 신승을 보고도 놀라지 않았는데 너를 보고 놀라겠는가?"

"그렇다면 어려울 것이 없지요."

하고는 즉시 산속으로 들어가 금룡으로 변하여 치원을 불렀다. 치원이 가서 보고는 놀라서 넋을 잃고 땅에 엎어졌다. 한참 후에 일어나 이목을 보고 말했다.

"너의 얼굴과 몸의 형상을 보매 같이 갈 수가 없으니 다시 돌아가도록 하여라."

하니 이목이 말하기를,

"제가 아버님의 명을 받들어 중원까지 모시고 갔다 오려고 하였는데 어찌하여 돌아가라 하십니까?"

치원이 말했다.

"이제 중원이 멀지 않고 또 위험한 일도 없으니 사양 말고 돌아가도록 하라."

이목이 대답했다.

"선생이 보내고자 하시니 거역하지 못하나 선생께서는 다만 용의 형상만 보시고 용의 조화를 보지 못하였으니 한번 보시지 않겠습니까?"

치원이 허락하고 용왕 앞에 나아가 아들을 보내준 정성을 사례하였다. 이에 이목이 작별을 고하고 큰 청룡으로 변하여 뛰놀며 큰 소리를 지르니 천지가 진동하더라.

치원이 절강에 이르자 주막집의 한 노파가 술을 내어 대접하고 이어서 간장 적신 솜을 주며 말하기를,

"이 물건이 비록 보잘것없으나 반드시 쓸 곳이 있을 것이니 잘 간수하여 가지고 가십시오."

라고 하였다.

치원이 간장 적신 솜을 받아가지고 능원 땅에 이르니 길옆에 한 노인이 팔짱을 끼고 있다가 치원에게 물었다.

"선비는 어디로 가시나이까?"

치원이 대답했다.

"중원으로 갑니다."

그 노인이 슬픈 표정을 지으며 말했다.

"당신이 중원에 들어가면 반드시 큰 화가 있을 것이니 부디 조심하시오. 만일 조심하지 않으면 반드시 살아서 돌아가기가 어려울 것이오."

치원이 절하면서 그 까닭을 물으니 노인이 말했다.

"당신이 닷새를 가면 큰 물에 당도할 것이오. 그 물가에 젊은 미녀가 앉아 있는데 오른손엔 바리를 받들고 왼손엔 옥구슬을 받들고 있을 것

이니, 그대가 나아가 공손히 절하고 그 여인에게 물어보면 반드시 자세하게 가르쳐 줄 것이오."

닷새를 가니 과연 그 말과 같았다. 치원이 공경을 다하여 절하니 그 여인이 물었다.

"무엇 하는 사람인가?"

치원이 대답했다.

"신라 사람 최치원이옵니다."

또 묻기를,

"무슨 일로 어디로 가시오?"

하니 치원이 이유를 고하고는 중원으로 간다고 하였다. 그 여인이 조심스럽게 타이르며 말했다.

"중원은 대국이라 소국과는 다릅니다. 천자가 그대 온다는 말을 듣고 문을 아홉이나 더 만들어 놓고 맞이할 것입니다. 그대는 그 문으로 들어가면서 조금도 방심하지 말고 조심하시오. 큰 화가 닥쳐 올 것입니다."

그리고는 차고 있던 주머니 속에서 부적을 내어주며 조심스럽게 말했다.

"첫째 문에서는 이 붉은 글씨를 쓴 것을 던지고, 둘째 문에서는 흰 글씨 쓴 것을 던지고, 셋째 문에서는 푸른 글씨 쓴 것을 던지고, 넷째 문에서는 누런 글씨 쓴 것을 던지면 화를 면할 수 있을 것이오."

치원이 눈을 들어 살펴보니 그 여인이 홀연 간 곳이 없더라.

치원이 배에서 내려 걸어가는데 그를 보고자 몰려온 사람들이 저자를 이룬 듯했다. 그의 사람됨이 용모는 옥과 같고 고요한 동작이 우아하여 모두들 하늘 위 사람이라 칭찬하더라.

* * *

치원이 낙양에 이르니 한 학사가 물었다.

"해와 달은 하늘에 걸려 있는데 하늘은 어디에 걸려 있는가?"

치원이 대꾸하여 말했다.

"산과 물은 땅에 실려 있는데 땅은 어디에 실려 있는가?"

그 학사가 치원의 질문에 답하지 못하더라.

황제는 치원이 온다는 말을 듣고 치원을 속이고자 첫째, 둘째, 셋째 문 안에 땅을 파고 그 안에 여러 명의 악사를 넣어 놓고 주의시켜 명하였다.

"치원이 들어오거든 풍악을 요란스럽게 울려 정신을 못 차리도록 하고, 또 함정 위에는 얇은 소판을 깔고 그 위에 흙을 덮어 잘못 밟으면 빠져 죽게 하라."

또 넷째 문안에는 사나운 코끼리를 숨겨 놓은 후에 치원을 들어오게 하였다.

이에 치원이 의관을 정제하고 문으로 들어가려는데 사모의 뿔이 문에 걸려 들어갈 수가 없는지라. 치원이 탄식하며 말하기를,

"비록 소국의 문도 뿔이 닿지 않거늘 하물며 대국의 문이 어찌 이같이 작고 낮은가?"

하며 들어가지 않고 서 있는지라. 황제가 듣고 매우 부끄러이 여기고 즉시 문을 헐게 하고 다시 들어오라 불렀다. 이에 문으로 들어가는데 땅속에서 요란한 음악소리가 들리는 까닭에 붉은 부적을 던지니 조용해졌다. 이어서 둘째 문에 이르니 또 악성이 들리는지라 흰 부적을 던지고, 셋째 문에 이르러 또 풍악 소리가 나므로 푸른 부적을 던지고, 넷째 문에 이르러서 코끼리가 숨어 있는 휘장 안에 누런 부적을 던졌다. 그 부적이 누런

뱀으로 화하여 코끼리의 입을 감으니 코끼리가 입을 열지 못하더라. 이리하여 무사히 들어가니, 황제는 치원이 아무런 화를 입지 않고 문을 지나 들어왔다는 말을 듣고 크게 놀라며 말했다.

"이 사람이 과연 천신이로다."

다섯째 문에 이르니 학사들이 좌우로 줄지어 서서 다투어 서로 묻는 것이었다. 치원은 대답하지 않고 시로써 응대하니 학사들이 칭찬하지 않는 이 없었다. 순식간에 지은 시가 많아 이루 다 기록할 수가 없더라.

어전에 이르니 황제가 용상에서 내려와 맞이하여 윗자리에 앉히고 물었다.

"경이 함 속의 물건을 알아내어 시를 지었는가?"

치원이 답했다.

"네 그러하옵니다."

또 묻기를,

"경은 어떻게 해서 알았는가?"

하니 대답하여 아뢰었다.

"신이 듣건대 현철한 사람은 비록 천상에 있는 물건도 능히 알 수 있다고 합니다. 신이 미천하고 불민하오나 어찌 돌함 속의 물건을 알지 못하겠습니까?"

천제가 또 묻기를,

"세 개의 문에 들어올 때 풍악 소리를 못 들었느냐?"

하니 대답하였다.

"못 들었습니다."

삼문 안에서 풍악을 올리던 사람을 불러 물으니 모두 말하였다.

"저희들이 풍악을 연주하려고 하면 희고 붉은 옷을 입은 수천 명이 와서 쇠뭉치를 가지고 치면서 풍악을 울리지 못하게 하며, '큰 손님이 오시니 떠들지 말라.'하는 고로 능히 풍악을 울리지 못하였습니다."

황제가 크게 놀래어 사람을 시켜서 가 보게 하였더니 땅굴 속에 큰 뱀이 우글우글하였다. 황제는 기이하게 여기며 말하였다.

"치원은 보통 사람이 아니니 경솔히 대접할 수 없도다."

학사들로 하여금 항상 치원을 따라다니면서 대접케 하니 따라다니는 무리들은 치원을 군자로 대접하더라. 황제가 말하기를,

"치원과 더불어 이야기해 보니 그 고요한 동작과 잠잠히 말 없음이 능히 미칠 수가 없도다."

하였다.

학사들이 밥상을 가져왔는데 밥 위에다 벼 네 알을 놓았고, 밥 속에는 또한 독약을 넣어 놓았으며, 기름으로 국을 끓여 놓았더라. 치원이 밥상을 물리고 식초를 문지방에 놓았다.

황제가 그 까닭을 물으니 치원이 대답하였다.

"밥 위에 네 알의 벼를 놓은 것은 저의 이름을 묻기 위한 것이고 제가 식초를 문에다 놓은 것은 천하 문장 최치원이라는 뜻이옵니다."

황제가 듣고 매우 기이하게 여기는지라. 치원이 또 말하였다.

"비록 소국에서도 간장으로 국을 끓이고 기름은 등불에 쓰거늘, 이제 국그릇을 보니 기름으로 국을 끓였으니 알지 못하겠거니와 대국에서는 간장으로 등불을 씁니까?"

황제가 다시 가져오게 하여 치원에게 주었으나 젓가락을 휘휘 저을 뿐 먹지 아니하고 말하였다.

"우리나라에서는 소인이라도 죄 있으면 죄를 밝혀 스스로 벌을 받도록 하고 죄가 없는 사람은 몰래 죽이지 아니합니다."

하므로 황제가 듣고

"그게 무슨 말이냐?"

하거늘 치원이 대답하였다.

"이제 지붕의 새소리를 들으니 밥 속에 독약이 있어 먹으면 죽는다고 합니다."

황제는 알지 못하고 웃으며 말하기를,

"경은 어찌하여 허망한 말을 그처럼 하는가?"

하는지라. 이에 치원이 젓가락으로 밥을 헤쳐 보니 과연 독약이 들어 있어 밥그릇의 색이 누렇게 변해 있었다. 황제는 밥상을 물리치고 사과하였다.

"천재로다. 사람으로는 속일 수가 없구나. 이제 밥을 바꾸어 오라 할 것이니 들라."

그 후로 황제는 치원을 더욱 후대하였다.

그해 가을 괴나무가 누렇게 물든 과거 보는 계절에 천하의 선비들을 모아 태학궁에서 과거를 베풀었다. 선비의 수가 무려 8만 5천 명이나 되었다. 여러 선비들이 치원과 더불어 장원을 다투었으나 치원이 장원에 뽑혔다. 이에 황제는 수많은 상금을 치원에게 하사하였다. 황제가 친히 시험을 주관하는 과거가 있던 날, 쌍룡이 하늘에서 내려와 치원의 시를 취해 가지고 하늘로 올라갔다. 황제는 치원에게 말했다.

"경이 지은 시를 하늘이 취해 가서 그 잘 지은 여부를 알지 못하겠노라."

치원이 다시 써 보이니 황제는 칭찬하면서,

"아름답도다. 치원의 시여! 천하에 어찌 이와 같은 시가 있으며 이로 인하여 하늘이 취해 갔구나."
하고 장원을 시켰다. 같이 급제한 사람과 함께 7일간 풍악을 울리며 시가 행진을 하게 하니 그 영화로움이 극진하였다.
　마침내 치원을 문신후(文信侯)에 봉하고 수년이 지났다.

* * *

　황소라 하는 자가 정병 3만을 거느리고 변방 여러 고을을 침공하니, 여러 고을이 함락되고 1년 내내 토벌을 해도 능히 쳐부수지를 못하였다. 이에 황제는 치원으로 대장을 삼고 가서 치게 하였다. 치원이 황소한테 가서 싸우지도 않고 격서를 써서 보냈다. 황소는 천하 문장 최치원이 온다는 말을 듣고 감히 싸우지 아니하고 스스로 항복하였다. 치원은 적의 괴수 수십 명을 사로잡아 올렸다.
　황제는 매우 기뻐하며 영지를 더하여 봉하고 또 황금 3만 일(鎰)을 하사하였다. 이에 황제의 은혜와 사랑은 치원에게 비할 사람이 없었다. 이 일로 인하여 대신들이 질투하여 황제에게 아뢰었다.
　"치원은 소국의 사람으로 재주만 믿고 대신들의 말을 업신여기며 말하기를, 중국은 비록 대국이나 소국만 같지 못하다고 한다니 비록 황제의 수레가 들어와도 공손히 이를 받들지 아니함으로써 불측한 일이 있을까 두렵습니다. 불가불 먼 곳으로 귀양 보내지 않으면 아니 되겠습니다."
　황제도 이 말을 옳게 여기고 남쪽 바다의 외로운 섬으로 치원을 귀양 보냈다. 치원이 귀양 온 섬은 무인도로서 사람이 없는 고로 매양 그 노파가 준 간장 적신 솜으로 이슬을 받아 씹으니 먹지 않아도 배가 불렀다.

한 달이 지난 후 황제는 치원의 생사를 알아보고자 사자를 보냈다. 치원은 미리 알고 다 죽어 가는 소리로 대답하니 사자가 돌아가서 보고하였다.

"대답하는 소리가 작고 가늘어 목숨이 조석에 달려있는 듯하옵니다."

대신들이 치원을 찾아가서 조롱하며 말했다.

"너는 소국의 비천한 몸으로 중국에 들어와서 갖은 수단을 다 써서 임금을 속여 요행히 벼슬을 얻었으나, 세력을 믿고 남을 없이 여기다가 이제 그 재앙을 받아 굶어 죽게 되었구나."

이때에 안남국 사람들이 중원 황제에게 공물을 바치러 중국으로 들어가다가 마침 치원이 귀양살이하고 있는 섬에 이르렀다. 문득 바라보니 섬 위에 한 선비가 중들과 같이 앉아 글을 읽고 있고 선녀 수천 명이 좌우로 늘어서서 혹은 술잔을 올리고, 혹은 노래를 부르고 있었다. 배를 멈추고 한참 보다가 올라가 선비에게 시를 지어 달라고 청하니 선비는 즉시 시를 지어 주었다. 안남국 사자들이 중국으로 들어가서 황제에게 시를 바쳤더니 황제가 물었다.

"어떠한 사람의 시인데 이렇듯 청아한고?"

사신이 대답했다.

"신들이 남해의 섬을 지나오는데 섬 위에 한 선비가 있어 중과 더불어 같이 앉아 글을 읽고 있었습니다. 그리고 선녀 수천 명이 좌우로 모시고 있었습니다. 신이 시를 지어 달라고 청하였더니 그 선비가 지어 준 것입니다."

황제는 군신을 불러서 시를 보이며 말했다.

"이 시는 필시 치원의 것이 분명하다. 먹기를 끊은 지 석 달인데, 어찌 살아 있을 리가 있겠는가? 아마 치원의 혼령이 지었을 것이다."

황제는 괴이쩍게 여기고 사람을 보내어 치원을 불러 오게 하였다. 치원은 백마 한 필을 봉우리에 매어 놓고 청의동자를 시켜 길들이고 있다가 큰소리로 응답하였다.

"너는 어떠한 사람이건대 매양 현자의 이름을 함부로 부르느냐? 내 무슨 죄가 있어 나를 이 절도에 귀양 보내고 이같이 와서 못살게 구느냐?"

이 말을 듣고 사자가 돌아가서 그대로 보고하니 황제가 놀라서 말했다.

"하늘이 낳은 사람을 죽일 수 없노라."

조서를 보내어 치원을 불렀다. 치원이 말하기를,

"중국의 신하들이 직분을 다스리지 아니하고 재주를 시기하고 투기하여 황제를 속여 참소하고, 황제도 그것을 믿으니 군자가 머무를 곳이 못 되는 나라다. 가서 황제에게 고하라. 나는 마땅히 고국으로 돌아가겠노라고."

하고 '용(龍)'자를 쓰니 화하여 청룡이 되어 옆으로 누워 다리를 만들었는지라.

치원이 다리를 건너 낙양에 이르니 황제가 물었다.

"경이 절도에 있는 석 달 동안 한 번도 꿈속에 보이지 않았음은 어째서인가? 온 천하에 나의 신하가 아닌 자가 없다. 이로써 말한다면 네가 신라의 사람이고, 신라에서 났다고 할지라도 신라 또한 나의 땅이요, 너의 임금 또한 나의 신하이거늘 네가 나의 사자를 업신여김은 무슨 까닭인가?"

치원이 마침내 글자 한 자를 공중에다 쓰고 그 위에 뛰어올라 걸터앉아서 황제에게 말하였다.

"그러면 여기도 또한 폐하의 땅입니까?"

황제가 크게 두려워하고 엎어지고 넘어지며 용상에서 내려 머리를 조아리고 사죄하더라. 이에 치원이 말했다.

"소인배가 참소하는 말을 참말로 듣고 신으로 하여금 죽을 땅에 두게 하였으니, 어질지 못한 임금은 사람의 어짊을 알지 못한다더니 이를 두고 한 말이로다."

치원은 소매 속에서 '사(獅)'자를 내어 땅에 던지니 화하여 푸른 사자가 되어 치원이 사자를 타고, 구름 사이로 들어가서 고국으로 돌아왔다.

* * *

신라의 지경에 이르니 여러 사람이 시냇가에 모여 있기에 치원이 그 까닭을 물었다.

"국왕이 다른 곳에 놀러 나가 계십니다."

하고 속여서 대답하였다. 치원이 가서 보니 수렵하는 사람들이었다. 그들 중에 아는 사람이 있었는데, 치원에게 말했다.

"내 그대를 위하여 이 수레를 팔겠노라."

치원은 마침내 고귀한 사람이 타는 수레인 사마를 타고 서울 동문 밖에 이르렀다. 마침 국왕이 출유하다가 치원이 사마를 타고 지나가는 것을 보았다. 사람을 시켜 불러오게 해서 보니 치원이었다. 국왕이 꾸짖으며 말했다.

"그대가 국왕 앞에서 말을 타고 지나간 죄는 마땅히 죽여야 하겠으나 나라에 공이 많은 것을 생각해서 용서해 주겠다. 이후로는 이런 짓을 하지 말라."

치원이 집으로 돌아와 보니 나 승상은 이미 죽고 없었다. 그는 마침내 아내 나씨를 데리고 가야산으로 들어갔으니 가히 기이하다 하겠다.

2부

3장

자연과 풍속

4장

여정과 숨결

5장

만남과 헤어짐

3장
자연과 풍속

▍바위 위의 키 작은 소나무

쓸모없는 나무가 자연에서 늙어가니
산골짜기가 어찌 바닷가만 할까?

저물녘 해 그림자 섬 나무와 키를 맞추고
밤바람은 솔방울을 흔들어 밀물 모래밭에 떨어뜨리네.

반석에 절로 내린 뿌리 깊고 굳세니
어찌 구름 뚫을 길이 멀다고 한탄하리오.

키 작은 걸 부끄러워 말아라.
안영의 집 들보감으론 넉넉하다네.

원문보기

石上矮松

不材終得老煙霞 澗底何如在海涯 日引暮陰齊島樹 風敲夜子落潮沙
自能盤石根長固 豈恨凌雲路尙賖 莫訝低顔無所愧 棟樑堪入晏嬰家

―『계원필경(桂苑筆耕)』 권20.

모래밭

멀리서 바라보면 마치 눈꽃이 날리는 듯
연약하여 언제나 제 몸도 못 가누네.

모이고 흩어짐은 조수 물결에 맡기고
높아지고 낮아짐은 바닷바람에 의지하네.

연기 자욱한 비단 폭 위엔 사람 자취 끊어지고
햇빛이 서릿발에 비칠 땐 학이 앉아 쉬어가네.

떠나는 심정을 읊조리는 섭섭한 밤에
달마저 밝으니 이를 또 어이할까.

> **원문보기**
>
> 沙汀
>
> 遠看還似雪花飛 弱質由來不自持 聚散只憑潮浪㵎 高低況被海風吹
> 煙籠靜練人行絶 日射凝霜鶴步遲 別恨滿懷吟到夜 那堪又值月圓時
>
> ―『계원필경(桂苑筆耕)』권20.

바다 갈매기

꽃물결 따라 이리저리 나부끼며
가볍게 털옷 터니 참으로 물 위의 신선이네.
자유로이 세상 밖을 드나들고
거침없이 신선 세계를 오가네.

곡식 좋은 맛은 아는 척 않고
풍월의 참맛을 지극히 사랑하네.

장자(莊子)의 나비 꿈을 생각하면
내가 그대를 꿈꾸는 이유 알 수 있으리.

원문보기

海鷗

慢隨花浪飄飄然 輕擺毛依眞水仙 出沒自由塵外境 往來何放洞中天
稻粱滋味好不識 風月性靈深可憐 想得漆園蝴蝶夢 只應知我對君眠

―『계원필경(桂苑筆耕)』권20.

바닷가를 한가로이 거닐며

썰물 고요히 밀려간 모래밭을 거니노니
해 지는 산머리에 저녁놀 짙어지네.

봄빛이 언제나 나를 괴롭히지는 않으리니
머지않아 고향 동산 꽃에 취하게 될 테니까.

 원문보기

海邊閒步

潮波靜退步登沙 落日山頭簇暮霞
春色不應長惱我 看看卽醉故園花

―『계원필경(桂苑筆耕)』권20.

접시꽃

거친 밭 언덕 쓸쓸한 곳에
탐스러운 꽃송이가 가지 눌렀네.

매화 비 그쳐 향기는 시들해지고
보리 바람에 그림자 흔들리네.

수레를 타신 어느 분이 감상하리오
벌 나비만 부질없이 찾아드네.

천한 땅에 태어난 것 스스로 부끄러워
사람들에게 버림받아도 참고 견디네.

원문보기

蜀葵花

寂寞荒田側 繁花壓柔枝 香經梅雨歇 影帶麥風欹
車馬誰見賞 蜂蝶徒相窺 自慚生地賤 堪恨人棄遺

―『동문선(東文選)』권4.

단풍나무

흰 구름 바윗가에 선녀가 서 있는 듯
한 떨기 우거진 덩굴 그림 같구나.

어여쁜 모습은 세상에도 있겠지만
한가로운 정취 그대 같은 이 없네.

간밤 이슬 머금은 단장은 눈물을 글썽이는 듯
바람에 흔들리는 모습 잡아주길 바라는 듯.

쓸쓸한 숲에서 읊조리니 문득 서글퍼져
오히려 산속에도 영고성쇠가 있음을 알겠네.

원문보기

紅葉樹

白雲巖畔立仙姝　一簇煙蘿倚畫圖　麗色也知禦世有　閒情長得似君無
宿糚含露疑垂泣　醉態迎風欲待扶　吟對寒林却惆悵　山中猶自辨榮枯

－『동문선(東文選)』권4.

바다에 배를 띄우고

돛 걸고 푸른 바다에 배 띄우니
긴 바람에 만 리로 나아가네.

뗏목 탔던 한나라 사신 생각나고
불사약 구하던 진나라 동자 떠오르네.

해와 달은 허공 밖에 있고
하늘과 땅은 태극 속에 있네.

봉래가 지척에 보이니
나 또한 신선을 찾아보리라.

원문보기

泛海

掛石浮滄海 長風萬里通 乘槎思漢使 採藥憶秦童
日月無何外 乾坤太極中 蓬萊看咫尺 吾且訪仙翁

－『고운선생문집(孤雲先生文集)』.

가을밤 빗소리에

가을바람에 괴로이 읊노니
세상에 나를 알아주는 이 없네.

창밖은 삼경, 비가 내리는데
등불 앞의 내 마음은 만 리 밖.

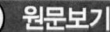 원문보기

秋夜雨中

秋風惟苦吟 世路少知音
窓外三更雨 燈前萬里心

—『동문선(東文選)』 권19.

우흥

바라건대 이욕의 문에 빗장 걸어
부모가 주신 몸 상하지 않기를.

어찌하여 진주 찾는 이는
목숨 걸고 바다 밑으로 들어가는가.

몸의 영화는 세속에 물들기 쉽고
마음의 때는 물로 씻기 어렵네.

담박한 맛을 누구와 의논할까.
세상 사람들 맛 좋은 술만 즐기네.

원문보기

寓興

願言扃利門 不使損遺體 爭奈探珠者 輕生入海底
身榮塵易染 心垢水難洗 澹泊與誰論 世路嗜甘醴

─『동문선(東文選)』권4.

강남 여자

강남은 풍속이 방탕하여 딸들을 교태롭고 예쁘게만 기른다네.
요염한 성품에 바느질 싫어하고 분단장 하고 악기만 다룬다네.

고상한 노래는 배우지 않고 온통 춘정에만 이끌린다네.
스스로 꽃다운 얼굴이라 이르며 언제까지나 청춘일 줄 안다네.

이웃집 여인을 비웃으며 하는 말 하루 종일 베를 짜도
베 짜느라 네 몸만 고달플 뿐 비단옷은 네 차지가 아니라 하네.

원문보기

江南女

江南蕩風俗 養女嬌且憐 性冶恥針線 粧成調急絃
所學非雅音 多被春心牽 自謂芳華色 長占艷陽天
却笑隣舍女 終朝弄機杼 機杼終老身 羅衣不到汝

-『동문선(東文選)』 권4.

금방울 놀이

빙빙 돌며 팔을 저어 금방울 놀리니
달과 별이 떠도는 듯 눈에 가득하네.

의료의 재주인들 이보다 나을 손가
고래 바다 파도라도 잠재울 줄 분명 알겠네.

원문보기

金丸
廻身掉臂弄金丸 月轉星浮滿眼看
縱有宜僚那勝此 定知鯨海息波瀾

—『삼국사기(三國史記)』 권32.

다리꼭지춤

솟은 어깨 움츠린 목 솟구친 머리카락
팔 걷어붙인 한량들 술잔을 다투네.

노랫소리 들리자 한바탕 웃음소리
밤에 깃발 걸었는데 새벽녘이 닥쳐오네.

원문보기

月顚

肩高項縮髮崔嵬　攘臂群儒鬪酒杯
聽得歌聲人盡笑　夜頭旗幟曉頭催

—삼국사기(三國史記)』 권32.

탈춤

황금빛 탈을 쓴 그 사람
방울 채찍 손에 들고 귀신을 부리네.

빠른 걸음 느린 거동 맵시 좋게 춤을 추니
마치 단산 봉황이 태평 시절 춤추는 듯.

원문보기

大面

黃金面色是其人　手抱珠鞭役鬼神

疾步徐趨呈雅舞　宛如丹鳳舞堯春

－『삼국사기(三國史記)』 권32.

꼭두각시춤

쑥대머리 푸른 얼굴 사람 같지 않은데
떼 지어 뜰에 나와서 난새춤을 추네.

북소리는 두둥둥 바람은 솔솔
이리 뛰고 저리 뛰며 그칠 줄 모르네.

束毒

蓬頭藍面異人間　押隊來庭學舞鸞
打鼓冬冬風瑟瑟　南奔北躍也無端

-『삼국사기(三國史記)』권32.

사자춤

머나먼 사막 건너 만 리 길 오느라고
털은 다 빠지고 먼지를 뒤집어썼네.

머리 흔들고 꼬리치며 인덕에 순종하니
웅장한 그 기상 어찌 뭇짐승과 같으랴.

> **원문보기**
>
> 狻猊
>
> 遠涉流沙萬里來　毛衣破盡着塵埃
>
> 搖頭掉尾馴仁德　雄氣寧同百獸才
>
> ―『삼국사기(三國史記)』 권32.

4장
여정과 숨결

조어정

비단 자리 꽃 아래 앵무배를 날리고
비단 소매 바람 앞에 자고사를 부르네.

선가의 시와 술의 흥취에 흠뻑 젖어
한가히 태평세월 읊으며 봉래(蓬萊)를 생각하네.

원문보기

釣魚亭

錦筵花下飛鸚鵡　羅袖風前唱鷓鴣
占得仙家詩酒興　閒吟烟月憶蓬壺

—『계원필경(桂苑筆耕)』권17.

진성

멀리 용검 들고 용정을 진압하니
이로써 관문(關門)의 빗장을 영원히 없앴네.

변방의 소란 쓸어버리고 다시 일 없으니
저문 하늘에 차가운 피리 소리 들으며 취해 읊조리네.

원문보기

秦城

遠提龍劍鎭龍庭 外戶從玆永罷扃

掃盡邊塵更無事 暮天寒角醉吟聽

—『계원필경(桂苑筆耕)』 권17.

산 사람을 기리는 사당

예로부터 교화하기 어려운 것이 만이인데
교지에서 어느 누가 민망(民望)을 얻었는가.

만대 성조의 오랜 역사 위에
계동에 세운 생사당이 홀로 전하네.

> **원문보기**
>
> **生祠**
>
> 古來難化是蠻夷　交趾何人得去思
> 萬代聖朝靑史上　獨傳溪洞立生祠
>
> －『계원필경(桂苑筆耕)』 권17.

요주 파양정

석양에 읊조리며 서 있으니 생각은 끝이 없고
만고의 강산이 한눈에 들어오는구나.

태수가 백성을 염려하여 잔치를 멀리하니
강에 가득한 바람과 달은 늙은 어부 차지라네.

> **원문보기**
>
> **饒州鄱陽亭**
>
> 夕陽吟立思無窮 萬古江山一望中
>
> 太守憂民疏宴樂 滿江風月屬漁翁
>
> —『동문선(東文選)』권19.

봄날 시골 정자에서 벗의 시에 화답하다

늘 시와 술로 평생을 즐기는데
하물며 봄 깊은 양제성을 그냥 보내랴.

끝없는 경치 한눈에 휘몰아 오니
칠언시로 능히 이 정취 그리려 하네.

꽃은 이슬 비단을 펼쳐 나비를 머물게 하고
버들은 명주를 짜서 꾀꼬리를 붙들어 놓네.

좋은 벗 서로 불러 취하는 자리에
환영도 당하지 못할 그대 학식 부러워라.

원문보기

和友人春日遊野亭

每將詩酒樂平生 況値春深煬帝城 一望便驅無限景 七言能寫此時情
花鋪露錦留連蝶 柳織燃絲惹絆鶯 知己相邀勸醉處 羨君稽古賽桓榮

— 『고운선생속집(孤雲先生續集)』.

우정에 밤비 내리고

여관에는 늦가을 비가 내리고
고요한 밤 차가운 창에는 등불만이.

애달파 시름 속에 앉으니
정녕 참선하는 스님이로구나.

> **원문보기**
>
> **郵亭夜雨**
>
> 旅館窮秋雨 寒窓靜夜燈
> 自憐愁裏坐 眞箇定中僧
>
> −『동문선(東文選)』권19.

우강역 정자

모래톱에 말 세우고 배 돌아오길 기다리니
온통 안개 낀 물가는 오랜 시름일세.

지금 산이 평지 되고 강물마저 메마르면
인간세상 이별이 비로소 없어질런가.

題芋江驛亭

沙汀立馬待回舟 一帶烟波萬古愁
直得山平兼水渴 人間離別始應休

-『동문선(東文選)』권19.

운봉사

칡덩굴 끌어 잡고 운봉사에 올라가서
가만히 바라보니 세계는 비어 있네.

손바닥 위에서 모든 산은 나뉘고
가슴 속 세상만사 시원스레 사라지네.

해를 막고 눈발 날리니 불탑은 흐릿하고
허공에는 바람 불어 소나무는 울어 대네.

저 노을은 틀림없이 나를 보고 비웃겠지
발길 돌려 새장 속에 들어간다고.

원문보기

題雲峯寺

捫葛上雲峯 平觀世界空 千山分掌上 萬事豁胸中
塔影日邊雪 松聲天半風 煙霞應笑我 回步入塵籠

-『동문선(東文選)』권9.

황산강 임경대

안개 낀 봉우리 봉긋봉긋 물은 넘실넘실
거울 속 인가는 푸른 봉우리를 마주했네.

외로운 돛단배 바람 안고 어디로 가는가?
별안간 나는 새처럼 아득히 사라져 버리네.

> **원문보기**
>
> 黃山江臨鏡臺
>
> 煙巒簇簇水溶溶 鏡裏人家對碧峰
>
> 何處孤帆飽風去 瞥然飛鳥杳無蹤
>
> －『동문선(東文選)』권19.

가야산 독서당

세찬 물결 바위에 부딪쳐 온 산을 울리니
사람 소리 지척에서도 알아듣기 어려워라.

언제나 시비소리 귀에 들릴까 두려워
흐르는 물소리로 온 산을 둘렀네.

원문보기

題伽倻山讀書堂

狂奔疊石吼重巒　人語難分咫尺間
常恐是非聲到耳　故教流水盡籠山

　　　　　　　　　　　－『동문선(東文選)』권19.

5장
만남과 헤어짐

▌좌주 상서가 난을 피해 유양을 지나면서 보여준 시에 화답하다

해마다 유원(儒苑)에는 가시덤불 우거지고
여기저기 전장에는 연기와 흙먼지 자욱하네.

어찌 오늘 아침 선보(宣父)를 만날 줄 생각했을까
문장 접하니 무릇 안목이 열리고 넓혀지네.

난리 때라 모든 일이 슬프기만 하여
난조(鸞鳥)와 봉황(鳳凰)도 놀라 서울을 떠나가네.

기수(沂水)에 목욕하던 제자 생각나
봄이 오면 한결같이 이별의 슬픔을 녹이네.

강 건널 때에 도와주길 바라더니
훌륭한 글을 보고 속된 마음 씻었네.

안타깝게 읊으며 저 바다로 돌아가니
깊은 은혜 갚지 못해 눈물만 흘리네.

원문보기

奉和座主尙書避難過維陽寵示

年年荊棘侵儒苑　處處烟塵滿戰場　豈料今朝覲宣父　豁開凡眼睹文章
亂時無事不悲傷　鸞鳳驚飛出帝鄕　應念浴沂諸弟子　每逢春色耿離腸
濟川終望拯湮沈　喜捧淸詞浣俗襟　唯恨吟歸滄海去　泣珠何計報恩深

－『계원필경(桂苑筆耕)』권20.

당성에서 나그네로 노닐며 선왕의 악관에게 주다

사람의 일이란 성했다가 쇠하는 법
뜬구름 같은 인생 참으로 슬프구나.

그 누가 알았으리, 천상의 곡조.
이 바닷가에서 부르게 될 줄을.

물가 전각에서 꽃구경도 하였고
바람 부는 누에서 달구경도 했었지.

선왕은 죽어 다시 만날 수 없으니
그대와 함께 슬픈 눈물 흘리네.

원문보기

旅遊唐城贈先王樂官

人事盛還衰 浮生實可悲 誰知天上曲 來向海邊吹
水殿看花處 風欞對月詩 攀髯今已矣 與爾淚雙垂

－『동문선(東文選)』권9.

오만 수재의 석별에 답하다

벼슬살이 어려워 아직 부모를 영광스럽게 못했으니
갈림길에서 잠시 몸이 괴롭다고 슬퍼 마오.

오늘 아침 멀리 떠나는데 달리 할 말은 없고
한 조각 마음이라도 모름지기 남부끄럽게 하지 마오.

해 질 녘 변방의 기러기 훨훨 높이 날고
저녁연기에 물가 숲은 아른아른 멀기만 하네.

이때 고개 돌려 바라보니 그리운 마음 한없는데
하늘가 외로운 돛단배 느린 물결 따라 나는 듯 가네.

원문보기

酬吳巒秀才惜別

榮祿危時未及親 莫嗟岐路暫勞身 今朝遠別無他語 一片心須不愧人
殘日塞鴻高的的 暮煙汀樹遠依依 此時回首情何限 天際孤帆窣浪飛

—『계원필경(桂苑筆耕)』 권20.

시어사 고운이 중양절 국화를 읊은 것에 화답하다

자색 꽃받침에 붉은 꽃 가득 둘려있는데
평범하고 속된 자태 볼품이 별로 없네.

어찌 삼추 시절 피어날 때와 같으랴만
국화 홀로 중양절 저녁에 기쁨을 바치네.

술자리 남은 향기에 앉은 자리 따뜻한데
해는 찬 그림자를 옮겨 국화 핀 울타리에 걸리네.

아아, 시인의 마음 심란하고 슬퍼서
바람 앞에 영락하는 모습 차마 보지 못하겠구나.

원문보기

和顧雲侍御重陽詠菊

紫蔕紅葩有萬般　凡姿俗態少堪觀　豈如開向三秋節　獨得來供九夕歡
酒泛餘香薰坐席　日移寒影掛霜欄　只應詩客多**惆悵**　零落風前不忍看

　　　　　　　　　　　　　　　－『명현십초시(名賢十抄詩)』

신축년에 진사 오첨에게 부치다

위태로울 때 정좌한 채 장부 못 됨을 한탄하니
나쁜 세상 만난 것을 어찌하겠소.

모두들 봄 꾀꼬리 아리따운 소리만 사랑하고
가을 매 거친 영혼을 싫어들 하오.

세파 속을 헤매면 웃음거리만 될 뿐
바른길 가려거든 어리석어야 하지요.

장한 뜻 세워도 말할 곳이 없으니
세상 사람 상대해서 무엇 하겠소.

원문보기

辛丑年寄進士吳瞻

危時端坐恨非夫 爭奈生逢惡世途 盡愛春鶯言語巧 却嫌秋鶻性靈醜
迷津懶問從他笑 直道能行要自愚 壯志起來何處說 俗人相對不如無

—『고운선생속집(孤雲先生續集)』.

곤주에서 이원외에게

가을 못에 비 내리니 연꽃이 떨어지고
새벽 언덕에 바람 부니 버들이 쓸쓸하구나.

정신은 단지 책 위에서 고달프고
세월은 제멋대로 술잔 속에 지나가는구나.

원문보기

袞州留獻李員外

芙蓉零落秋池雨　楊柳蕭疎曉岸風
神思只勞書卷上　年光任過酒盃中

－『천재가구(千載佳句)』.

진사 양섬의 송별시에 답하다

해산에서 멀리 바라보니 새벽안개 짙고
백 폭의 돛은 만 리 바람에 펄럭이네.

슬퍼도 슬퍼마오, 아녀자의 일이니.
이별 중에 훌쩍거리는 것 아니라네.

원문보기

酬進士楊贍送別

海山遙望曉烟濃 百幅帆張萬里風
悲莫悲兮兒女事 不須怊悵別離中

—『천재가구(千載佳句)』.

섣달 그믐날 밤, 친구의 시에 화답하다

그대여, 서로 만나 노래하고 시 읊조리며
한 세월 이루지 못한 포부를 한탄치 마세.

다행히 봄바람이 돌아갈 길을 맞아준다면
꽃 피는 좋은 시절에 계림에 도착할 걸세.

원문보기

和友人除夜見寄

與君相見且歌吟 莫恨流年挫壯心

幸得東風已迎路 好花時節到雞林

-『계원필경(桂苑筆耕)』권20.

봄날 벗을 청하였으나 오지 않아서

늘 장안에서 고생하던 일 생각하면
어찌 고향의 봄을 헛되이 보내랴.

오늘 아침 산놀이 약속 또 저버리니
세속의 명리인 알게 된 것이 후회스럽네.

원문보기

春日邀知友不至

每憶長安舊苦辛 那堪虛擲故園春
今朝又負遊山約 悔識塵中名利人

―『동문선(東文選)』권19.

재곡난야에 홀로 사는 스님에게

솔바람 소리 들릴 뿐 귀가 시끄럽지 않은
흰 구름 깊은 골에 띳집이었네.

세상 사람 길을 알고 헤집을까 걱정되어
바위에 핀 이끼에 신 자국을 씻어내네.

贈梓谷蘭若獨居僧

除聽松風耳不喧　結茅深倚白雲根
世人知路翻應恨　石上莓苔汚屐痕

-『동문선(東文選)』권19.

금천사 주지 스님에게 주다

흰 구름 낀 시냇가에 절을 짓고
서른 해 동안 주지로 지내네.

웃으며 가리키는 문 앞의 한 줄기 길
겨우 산 아래로 벗어나자 천 갈래가 되네.

원문보기

贈金川寺主
白雲溪畔創仁祠 三十年來此住持
笑指門前一條路 纔離山下有千岐

-『동문선(東文選)』 권19.

호원상인에게 부치다

종일토록 머리 숙여 붓끝을 희롱하니
사람마다 입 다물며 속내 말하기 어려워라.

속세 멀리 떠난 건 기쁘지만
품은 뜻 막을 수 없어 어찌하랴.

맑게 갠 노을 그림자는 단풍 길에 깔리고
밤비 소리는 흰 구름 뜬 여울로 이어지네.

경치 읊는 심정은 얽매임이 없으니
사해의 깊은 기틀은 도안을 생각나게 하네.

원문보기

寄顥源上人

終日低頭弄筆端 人人杜口話心難 遠離塵世雖堪喜 爭奈風情未肯闌
影鬪晴霞紅葉逕 聲連夜雨白雲湍 吟魂對景無覊絆 四海深機憶道安

-『동국여지승람(東國輿地勝覽)』권30.

희랑 화상에게 주다

보득이 금강지에서 설한 가르침을
부살들이 철위산에서 결집하였네.

필추가 해인사에서 경전을 강론하니
잡화가 이로부터 삼절을 이루리라.

용당의 묘설을 용궁에서 들여온 뒤
용맹이 용종의 공을 제대로 전했네.

용궁의 용신이 정녕 환희함은 물론이요
용산은 의룡의 걸출함을 더욱 표하리라.

마갈제성의 광명이 두루 비치고
차구반국의 불법이 더욱 빛나네.

오늘 아침 부상에서 떠오른 지혜의 해
문수가 동묘에 강림한 것을 알겠도다.

천언의 비교를 하늘에서 전수받고
해인의 진전을 바다에서 꺼내 왔네.

멋지도다 해인의 뜻 해우에서 밝힘이여.

천의는 단지 천재에게 맡기려 할 뿐이라오.

도수의 고담은 용수가 해석했고
동림의 아지는 남림이 번역했네.

빈공이 피안에서 금성을 떨쳤다지만
가야에서 불적을 이은 것과 같으리오.

삼삼 광회의 숫자는 의심할 수도 있겠지만
십십 원종의 뜻이야 잘못될 리가 있겠는가.

유통을 말한다면 현험을 밀고 나가야 하리니
경전의 미진한 해석은 문자가 이상한 탓이로다.

원문보기

贈希朗和尚

步得金剛地上說	扶薩鐵圍山間結	苾蒭海印寺講經	雜花從此成三絶
龍堂妙說入龍宮	龍猛能傳龍種功	龍國龍神定歡喜	龍山益表義龍雄
磨羯提城光遍照	遮拘盤國法增耀	今朝慧日出扶桑	認得文殊降東廟
天言祕敎從天授	海印眞詮出海來	好是海隅興海義	只應天意委天才
道樹高談龍樹釋	東林雅志南林譯	斌公彼岸震金聲	何似伽倻繼佛跡
三三廣會數堪疑	十十圓宗義不虧	若說流通推現驗	經來未盡語偏奇

— 『고운선생문집(孤雲先生文集)』.

3부

6장

마음을 움직이다

7장

붓으로 새기다

6장
마음을 움직이다

『계원필경』 서문

회남(淮南)에서 본국에 들어오면서 조서(詔書) 등을 보내는 사신을 겸한, 전(前) 도통순관(都統巡官) 승무랑(承務郎) 시어사(侍御史) 내공봉(內供奉)을 지냈으며, 자금어대(紫金魚袋)를 하사받은 신 최치원이 저술한 잡시부(雜詩賦) 및 표주집(表奏集) 28권을 올립니다. 그 구체적인 내용은 다음과 같습니다.

- 사시금체부(私試今體賦) 5수(首) 1권
- 오언칠언 금체시(五言七言今體詩) 100수 1권
- 잡시부 30수 1권
- 『중산복궤집(中山覆簣集)』 1부(部) 5권
- 『계원필경집』 1부 20권

최치원의 『계원필경』 표지와 '서(序)'

신은 나이 12세에 집을 나와 중국으로 건너갔는데, 배를 타고 떠날 즈음에 지금은 돌아가신 아버지께서 훈계하기를

"앞으로 10년 안에 진사(進士)에 급제하지 못하면 나의 아들이라고 말하지 마라. 나도 아들을 두었다고 말하지 않을 것이다. 가서 부지런히 공부에 힘을 기울여라."

라고 하였습니다.

신이 엄한 가르침을 가슴에 새겨 감히 망각하지 않고서 쉴 틈 없이 현자(懸刺, 현두자고)하며 부모님의 마음에 걸맞게 되기를 소망하였습니다. 그리하여 실로 인백기천(人百己千, 사람들이 백을 하면 나는 천을 한다)하는 노력을 경주한 끝에 중국의 문물(文物)을 구경한 지 6년 만에 금방(金榜, 과거 급제자 명단)의 끝에 이름을 걸게 되었습니다.

당시에 정성(情性)을 노래하여 읊고 사물에 뜻을 부쳐 한 편씩 지으면서 부(賦)라고 하기도 하고 시(詩)라고 하기도 한 것들이 상자를 가득 채우고 남을 정도가 되었습니다. 하지만 이것들은 어린아이가 전각(篆刻)하는 것과 같아 장부(壯夫)에게는 부끄러운 일이라서 급기야 외람되게 득어(得魚)하고 나서는 모두 버려도 되는 쓸데없는 것으로 여겼습니다. 그러다가 뒤이어 동도(東都, 낙양)에 유랑하며 붓으로 먹고살게 되어서는 마침내 부 5수, 시 100수, 잡시부(雜詩賦) 30수 등을 지어 모두 3편을 이루게 되었습니다.

그 뒤 선주 율수현위에 임명되었는데, 봉록은 후하고 관직은 한가하여 배부르게 먹고 하루해를 마칠 수도 있었습니다마는, 벼슬을 하면서 여가가 있으면 학문을 해야 한다는 생각에 짧은 시각도 허비하지 않으면서 공적으로나 사적으로 지은 것들을 모아 문집 5권을 만들었습니다. 그리고 산을 만들 뜻을 더욱 분발하여 복궤(覆簣)의 이름을 내걸고는 마침내 그 지역의 명칭인 중산(中山)을 맨 앞에 얹었습니다.

급기야 미미한 관직을 그만두고 회남의 군직을 맡으면서부터 고 시중(高侍中, 고변)의 필연(筆硯)의 일을 전담하게 되었습니다. 그리하여 군의 문서가 폭주하는 속에서 있는 힘껏 담당하며 4년 동안 마음을 써서 이룬 작품이 1만 수(首)도 넘었습니다마는, 쓸모없는 것을 걸러내고 보니 열에 한둘도 남지 않았습니다.

이것을 어찌 모래를 파헤치고 보배를 발견하는 것에 비유하겠습니까마는, 그래도 기왓장을 깨뜨리고 벽토를 긁어 놓은 것보다는 나으리라고 여겼습니다. 그래서 마침내 『계원집』 20권을 우겨서 만들게 되었습니다.

신은 마침 난리를 당하여 군막에서 얻어먹으면서 이른바 여기에 마음을 끓여 먹고 죽을 끓여 먹는 신세가 되었으므로, 문득 필경(筆耕)이라는 제목을 달게 되었는데, 이에 대해서는 왕소(王韶)의 말을 가지고 예전의 일을 고증할 수가 있을 것입니다. 신이 비록 몸을 움츠린 채 돌아와서 환호작약(歡呼雀躍)하는 이들에게 부끄럽긴 합니다만, 일단 밭을 갈고 김을 매듯 정성(情性)의 밭을 파헤친 만큼, 하찮은 수고나마 스스로 아깝게 여겨 성감(聖鑑)에 도달하기를 바라기에, 시(詩)·부(賦)·표(表)·장(狀) 등 문집 28권을 소장(疏狀)과 함께 받들어 올리게 되었습니다.

중화(中和) 6년 정월 일에 전(前) 도통순관 승무랑 시어사 내공봉을 지냈으며, 자금어대를 하사받은 신 최치원이 소장을 올려 아룁니다.

태위에게 처음 바친 글

모(某, 최치원)가 아룁니다.

삼가 생각건대, 높은 산과 깊은 바다에 만물이 귀의하고 (산과 바다를) 사람들이 우러르는 것은 (산은) 멀리 천 길 높이 솟구치고 (바다는) 온갖 물줄기를 고루 받아들이기 때문입니다. 가령 하늘을 떠받친 산봉우리나 태양이 잠긴 물결과 같은 것은 사방(四方)의 눈을 번쩍 뜨이게 하고 만족(萬族)의 영혼을 깨워 일으키니, 이는 우주에서 줄곧 노래해 온 것으로, 지금 붓끝으로 찬송할 수 있는 것이 아닙니다.

삼가 생각건대, 사도(司徒) 상공(相公)께서는 홀로 귀신같은 전략을 발휘하여 일거에 성스러운 조정을 바로잡음으로써, 양재강재(良哉康哉, 훌륭하고 평안하다)한 영예를 흡족하게 받고 가구가대(可久可大, 오래 가고 광대하다)한 명성을 떨치고 계십니다. 공황(龔黃, 공수와 황패)과 같은 덕정(德政)을 행함에 고을 백성들이 유애비(遺愛碑, 공덕비)를 세웠고, 한백(韓白, 한신과 백기)과 같은 공훈을 이룸에 나라의 사관(史官)이 사실에 의거한 직서(直書)를 쓰기 위해 붓을 들었습니다.

그런데 더구나 모(某)로 말하면, 대롱 구멍으로 표범 무늬를 엿보는 것처럼 졸렬하고, 소라 껍데기로 바다 깊이를 재는 것처럼 천박한 데야 더 말해 무엇 하겠습니까. 전각(篆刻)한 문사(文詞)를 가지고서 도용(陶鎔, 도자기와 거푸집)의 위업(偉業)을 칭송하기는 어려운 일입니다. 그렇기는 하지만 지금 어진 철인(哲人)이 세상에 출현하는 5백 년의 기한에 해당해서, 널리 영웅호걸을 모아 놓으니 문객(門客)이 3천 명의 숫자에 이르렀습니다.

이미 받아들이는 것이 물과 같아서 모여드는 자들이 구름과 같으니, 이것은 바로 사도 상공께서 마음을 거울과 같이 하여 너그럽고 넉넉하게 하시며, 일을 저울처럼 처리하여 편벽됨이 없고 편당함이 없게 하시기 때문입니다. 이와 같이 재주가 뛰어난 사람을 그물 안에 들게 하시고, 사납고 용맹스러운 사람을 새장 안에 거두시므로, 유자(儒者)로는 심사(沈謝, 심약과 사조)와 같은 이들이 재주를 바치고, 무장(武將)으로는 관장(關張, 관우와 장비)과 같은 이들이 있는 힘을 다하는 것입니다.

그리하여 마침내 (弓旌, 활과 깃발, 현자를 모실 때 보내는 예물)으로 은사(隱士)를 초빙하니 바위골짜기가 그 때문에 일제히 텅 비었고, 갑옷 입은 장수가 배반자의 항복을 받으니 연기와 먼지가 사방에서 사라졌습니다. 어찌 유독 왕성 밖의 근심만 나누어 가지셨을 뿐이겠습니까. 실로 온 누리에서 경사를 일컫고 있는 바입니다. 춘하추동처럼 모두가 믿는 가운데, 동서남북으로 은혜가 퍼지고 있습니다.

다만 일월(日月)이 비추는 곳에 지금 바람과 천둥의 변화가 일고 있습니다. 그렇다면 이보(尼父, 공자)의 당중(堂中)에도 타향의 제자들이 있었는데, 맹상(孟嘗, 제나라의 재상)의 문하(門下)에 어찌 먼 지방의 사람이 없겠습니까. 조그만 선이라도 칭할 만한 것이 있으면, 옛 성현도 거부하지 않고 받아들였습니다. 길이 대국의 정사를 행하실 분께서 어찌 소국(小國)에서 온 나그네를 버리시기야 하겠습니까. 그러므로 감히 미천한 충정을 토로하며, 기꺼이 밝으신 안전(案前, 귀한 이가 앉은 자리 앞)에 글을 올립니다.

모는 신라(新羅) 사람입니다. 출신은 비천하고 성품은 어리석으며, 재주도 볼 것이 없고 학식도 넉넉하지 못합니다. 하지만 몸뚱이는 비루해도 나이만은 아직 쇠하지 않았습니다. 12세에 계림(雞林)을 떠나 20세에 이르러 앵곡(鶯谷)에서 자리를 옮길 수 있었습니다. 그리고 바야흐로 청금(青襟, 유생)의 벗들과 어울리다가 뒤미처 황수(黃綬, 황수동인, 하급 관리가 착용하던 누런빛의 인끈)의 벼슬에 종사하였습니다.

　이미 용문(龍門, 과거 급제)에 올랐으니, 어찌 감히 발이 묶인 천리마라고야 말하겠습니까마는, 지금 잠시 하나의 현위(縣尉)를 떠나서 삼편(三篇, 시문 3편으로 인재를 뽑는 당대 시험인 굉사과를 이름)의 시문(試文)에 응시해 보고자 합니다. 그래서 다시 익히고 나아가길 원하고 움츠리고 물러나길 꾀하여, 홀로 숲속에 몸을 의탁한 채 재차 구분(丘墳, 구구와 삼분)을 열람하고 있습니다. 날마다 과업을 정해 시(詩)에 몰두하면서 우눌(虞訥)의 혹평도 마다하지 않았고, 오랜 세월 부(賦)를 지으면서 육기(陸機)의 비웃음도 부끄러워하지 않았습니다.

　그리하여 시서(詩書)에 집중하여 공을 성취하고, 갈고닦아서 그릇을 이룰 날만 기다리고 있습니다. 물고기를 잡는 데에도 도(道)가 있으니, 낚싯대를 드리우고 꼬부라진 갈고리를 매달지 않는 것이요, 정곡(正鵠)을 맞추기 위해서는 마음을 오로지 한 가지 일에 써야 하니, 시위를 당겨 발사할 때 다음 화살을 벌써 활줄에 매어놓는 것입니다. 이처럼 지조를 바르게 하고 절조를 단속하면서, 좋은 시절이 찾아오기를 바라고 있습니다.

　삼가 살펴보건대, 만물이 정성을 바치고 천하가 귀의하는 이때에 상공(相公, 고변)의 객관(客館)을 찾아가지 않고 상공의 덕문(德門)에서 노닐지 않는다면, 이는 문인(文人)이 부끄럽게 여길 일이요, 뭇사람의 비방을 받을 일입니다. 그래서 모가 감히 간담(肝膽)을 토로하며 붓을 뽑아 들고서 글월을 올리게 되었고, 엄한 꾸지람을 피하지 않고서 문득 본심(本心)을 털어놓게 되었습니다. 그리고 이와 함께 그동안 지은 잡편(雜篇)의 문장 5축(軸)과 진정(陳情)한 칠언 장구시(七言章句詩) 1백 편을 삼가 기록하여, 목욕재계(沐浴齋戒)하고 올리는 바입니다. 높은 존엄을 외람되게 범하여 지극히 송구한 마음을 금할 수 없습니다. 삼가 아룁니다.

桂苑筆耕集卷之十六

桂苑筆耕集卷之十七
　啓狀一十首
初投獻太尉啓
再獻啓
謝生料狀
獻詩啓 附詩三十首
謝職狀
謝借宅狀
出師後告辭狀
謝令從軍狀
謝借舫子狀
謝許奏薦狀
初投獻太尉啓
某啓伏以嶽之高與海之深物所歸而人所仰迴拔
千仞平呑百川其如巘崿擎天波瀾日窅四方之
眼醒萬族之魂是宇内之所歌謠匪毫端之能贊詠

伏惟司徒相公獨抱神略一匡聖朝舉洽於良哉康
哉名標於可久大羹黃德政則郡民有遺愛之碑
韓白功勳則國史有直書況某况与同寶豹淺比
傾螺難將篆刻之詞輒頒陶鎔之業但以間生賢哲
年當五百之期廣集英詞徒豪客滿三千之數旣納今
水則來者如雲斯乃司徒相公鏡於心而寬今絟今
之空介於胃關張彦隴罩驍雄於儒則沈
秋于事而無偏無黨網羅隽爲龍招隱士嚴谷爲
謝呈才於武則關張彦力使四息豈獨分憂於閫
外實惟稱慶於寰中莫不信齊於春夏秋冬恩播於

東西南北但日月照臨之所是風雷變化之時然則
尼父堂中亦有他郷之子孟嘗門下寧無遠地之人
片善可稱前賢不讓永能執大邦之政豈欲遺小國
之賓是以敢寄微衷輕投朗鑑某新羅人也身也賤
性也愚才不雄學不贍雖形餠鄒年奋未襄自十
二則別鷄林至二十得選嘗谷方接青襟之侶旋屬
黄綬之官旣忝登龍敢言絆驥再離一尉欲應
三篇更顧虞諏之誠詞無遊積年著賦陸機之
攻詩虞閲敦功琢磨成器求魚道在垂竿而不掛
侯其敦閼致功琢磨成器求魚道在垂竿而不掛曲

「초투헌태위계」(『계원필경』 권17)

황소에게 보낸 격서

 광명 2년(881년) 7월 8일에 제도도통 검교태위(諸道都統檢校太尉) 모(某, 고변)는 황소(黃巢)에게 고하노라.
 대저 바름을 지키면서 떳떳함을 닦는 것을 도(道)라고 하고, 위기를 당하여 변통하는 것을 권(權)이라고 한다. 지혜로운 자는 시기에 순응하는 데서 공을 이루고, 어리석은 자는 이치를 거스르는 데서 패망하고 만다. 그렇다면 백 년의 인생 동안 생사(生死)를 기약하기는 어렵다 하더라도, 만사(萬事)를 마음으로 판단하여 시비(是非)를 분별할 줄은 알아야 할 것이다.
 지금 우리 왕의 군대는 정벌하면 싸우지 않고도 이기며, 군정(軍政)은 은혜를 앞세우고 처벌은 뒤로 미룬다. 장차 상경(上京, 당 수도 장안)을 수복하려는 이때에 우선 큰 신의(信義)를 보여 주려고 하니, 타이르는 말을 공경히 듣고서 간악한 꾀를 거두도록 하라.
 너는 본시 변방의 백성으로 갑자기 사나운 도적이 되어 우연히 시세(時勢)를 타고는 감히 강상(綱常, 삼강오상)을 어지럽혔다. 그리고 마침내 남을 해치려는 마음을 품고서 신기(神器, 왕좌)를 농락하는가 하면, 도성을 침범하고 궁궐을 더럽혔다. 너의 죄가 이미 하늘에까지 닿았으니, 반드시 패망하여 간과 뇌가 땅바닥에 으깨어질 것이다.
 아, 당우(唐虞, 요순시대) 이래로 묘(苗)나라와 호(扈)나라가 복종하지 않은 것을 시작으로 하여 불량(不良)한 무뢰배(無賴輩)와 불의불충(不義不忠)한 무리가 계속 나왔다. 너희들이 지금 보이는 작태가 어느 시대인들 없었겠는가. 멀리로는 유요(劉曜)와 왕돈(王敦)이 진(晉)나라 왕실을 엿보았고, 가까이로는 녹산(祿山)과 주자(朱泚)가 개처럼 황가(皇家)에 짖어 대었다.

  그들은 모두 손에 강한 군대를 쥐기도 했고, 몸이 같은 직위에 거듭 임명되기도 하였다. 그리하여 한번 성내어 부르짖으면 우레와 번개가 치달리듯 하였고, 시끄럽게 떠들어 대면 안개와 연기가 자욱이 끼듯 하였다. 하지만 잠깐 동안 간악한 짓을 자행하다가 끝내는 남김없이 멸망하였다. 태양이 밝게 빛나는데 어찌 요망한 기운을 그냥 놔두겠는가. 하늘의 그물이 높이 걸렸으니 흉악한 족속이 제거되는 것은 필연적인 일이다.

  그런데 더군다나 너는 평민 출신으로 농촌에서 일어나 분탕질하는 것을 능사로 알고, 살상(殺傷)하는 것을 급무로 삼고 있다. 너에게는 셀 수 없이 많은 큰 죄만 있을 뿐, 용서받을 만한 선행(善行)은 조금도 없다. 그래서 천하 사람들이 모두 너를 죽여서 시체를 전시하려고 생각할 뿐만이 아니요, 땅속의 귀신들도 남몰래 죽일 의논을 이미 마쳤을 것이다. 그러니 지금 잠시 목숨이 붙어 있다 하더라도 조만간 혼이 달아나고 넋을 뺏기게 될 것은 뻔한 일이다.

  무릇 어떤 일이고 간에 스스로 깨닫는 것이 중요한 법이다. 내가 아무렇게나 말하는 것이 아니니, 너는 잘 알아듣도록 하라.

  그동안 우리 국가는 더러움도 포용하는 깊은 덕을 발휘하고, 결점도 눈감아 주는 중한 은혜를 베풀어, 너에게 절모(節旄, 군사적 권한을 부여한 표식으로 주는 깃발)를 수여히고 방진(方鎭, 특징 지역을 다스리는 군사적 책임)을 위임하였다. 그런데 너는 가슴속에 짐새[鴆]의 독을 품고 올빼미 소리를 거두지 않은(올빼미가 어미새를 잡아먹는다. 즉 임금의 은혜를 저버린다는 의미) 채, 걸핏하면 사람을 물어뜯고 오직 주인에게 대들며 짖어 대는 일만 계속하였다. 그러고는 끝내 임금을 배반하는 몸이 되어 군대로 궁궐을 휘감은 나머지, 공후(公侯)는 위급하여 달아나 숨기에 바쁘고, 임금의 행차는 먼 지방으로 돌아다니기에 이르렀다.

　너는 일찍이 덕의(德義)에 귀순할 줄은 알지 못하고, 단지 완악하고 흉측한 짓만 자행하였다. 이것은 곧 성상께서 너에게 죄를 용서해 주는 은혜를 베풀었는데, 너는 국가에 대해서 은혜를 저버린 죄만 지은 것이다. 그러니 네가 죽을 날이 눈앞에 닥쳐왔다고 할 것인데, 어찌하여 너는 하늘을 두려워하지 않는단 말인가. 더구나 주(周)나라 솥은 물어볼 성격의 것이 아니다. 한(漢)나라 궁궐이 어찌 구차하게 안일을 탐하는 장소가 될 수 있겠는가. 너의 생각을 알 수가 없다. 끝내 무엇을 하려고 하는 것인가.

　너는 듣지 못했느냐. 『도덕경』에 이르기를 "폭풍은 아침을 넘기지 못하고, 소나기도 하루를 넘기지 못한다. 하늘과 땅의 현상도 오래갈 수가 없는데, 하물며 사람의 경우이겠는가.[飄風不終朝 驟雨不終日 天地尙不能久 而況於人乎]"라고 하였다. 또 듣지 못했느냐. 『춘추전』에 이르기를 "하늘이 선하지 못한 자를 그냥 놔두면서 조장하는 것은 복을 주려 함이 아니고, 그 흉악함을 더하게 하여 벌을 내리려 해서이다.[天之假助不善 非祚之也 厚其凶惡 而降之罰]"라고 하였다.

　지금 너는 간사함과 포악함을 숨기고 죄악과 재앙을 계속 쌓아가면서, 위태로움을 편안히 여긴 채 미혹되어 돌아올 줄을 알지 못하고 있다. 이는 이른바 제비가 바람에 날리는 장막 위에다 둥지를 틀고서 제멋대로 날아다니는 것과 같고, 물고기가 끓는 솥 속에서 노닐다가 바로 삶겨 죽는 것과 같다고 할 것이다.

　나는 웅대한 전략(戰略)을 구사하며 제군(諸軍)을 규합하였으니, 용맹한 장수가 구름처럼 날아들고 용감한 군사는 빗발처럼 모여든다. 높고 큰 깃발들은 초(楚)나라 요새의 바람을 에워싸서 막고, 전함(戰艦)과 누선(樓

船)은 오(吳)나라 장강(長江)의 물결을 끊으리라. 도 태위(陶太尉)처럼 적을 처부수는 데에 날래고, 양 사공(楊司空)처럼 귀신이라고 일컬어질 정도로 위엄 있다. 사방팔방을 조망하며 만리 지역을 횡행하니, 이를 비유하자면 맹렬한 불길 속에 기러기 털을 태우는 것과 같고, 태산을 높이 들어 새알을 짓누르는 것과 다름이 없다.

지금 금신(金神, 가을신)이 계절을 맡고 수백(水伯)이 군대를 환영하는 이때에 가을바람은 숙살(肅殺, 가을의 쌀쌀한 기운이 초목을 말려 죽인다는 의미)의 위엄을 북돋우고, 아침 이슬은 답답한 기분을 씻어 준다. 파도도 잠잠해지고 도로도 통하였으니, 석두성(石頭城)에서 닻줄을 올리면 손권(孫權)이 후미(後尾)를 담당할 것이요, 현수산(峴首山)에서 돛을 내리면 두예(杜預)가 선봉(先鋒)이 될 것이다. 그러니 경도(京都)를 수복(收復)하는 것은 열흘이나 한 달이면 충분하다.

다만 살리기를 좋아하고 죽이기를 싫어하는 것은 상제(上帝)의 깊은 인덕이요, 법을 굽혀서라도 은혜를 펼치려 하는 것은 대조(大朝)의 훌륭한 전장(典章, 문물이나 제도)이다. 공물 등을 훔친 도적을 성토(聲討)할 때에는 사적인 분노를 개입시켜서는 안 되고, 길을 잃고 헤매는 자에게는 바른말로 일깨워 주어야 하는 법이다. 그래서 내가 한 장의 글을 날려, 거꾸로 매달린 듯한 너의 급한 사정을 구해 주려 하니, 너는 고지식하게 굴지 말고 빨리 기미를 알아차려서, 자신을 위해 잘 도모하여 잘못된 길에서 돌아서도록 하라.

네가 만약 제후(諸侯)에 봉해져서 땅을 떼어 받고 국가를 세워서 계승하기를 원하기만 한다면, 몸과 머리가 두 동강 나는 화를 면할 수 있음은 물론이요, 공명(功名)을 우뚝하게 세울 수도 있을 것이다. 겉으로 친한 척하는 무리의 말을 믿지 말고 먼 후손에게까지 영화(榮華)를 전하도록 할

지어다. 이는 아녀자가 상관할 바가 아니요, 실로 대장부가 알아서 할 일이니, 속히 돌아와 보고하고 결코 의심하지 말라. 내가 황천(皇天)의 명을 떠받들고 백수(白水)에 맹세를 한 이상, 한번 말을 하면 반드시 메아리처럼 응할 것이니, 은혜를 원망으로 갚으려 해서는 안 될 것이다.

네가 만약 미쳐 날뛰는 무리에게 끌려다니며, 잠에 취해서 깨어나지 못한 채, 버마재비[사마귀]가 수레바퀴에 항거하듯 하고, 그루터기를 지키며 토끼를 기다리려고만 한다면, 곰과 범을 때려잡는 군사들을 한번 지휘하여 박멸(撲滅)할 것이니, 까마귀처럼 모여들어 솔개처럼 날뛰던 무리는 사방으로 흩어져 도망가기에 바쁠 것이다. 너의 몸뚱이는 도끼의 날을 기름칠하고, 너의 뼈다귀는 전차(戰車) 밑에서 가루가 될 것이요, 처자(妻子)는 잡혀 죽고 종족(宗族)은 처형될 것이니, 배꼽에 불이 켜질 때를 당하여서는 아무리 배꼽을 물어뜯어도 이미 때는 늦을 것이다.

너는 모름지기 진퇴를 참작하고 선악을 분별해야 할 것이다. 배반하여 멸망을 당하기보다는 귀순(歸順)하여 영화를 누리는 것이 훨씬 좋지 않겠는가? 네가 그렇게 바라기만 하면 반드시 이룰 수 있을 것이니, 부디 장사(壯士)의 나아갈 길을 찾아 곧바로 표범처럼 변할 것이요, 우부(愚夫)의 소견을 고집하여 여우처럼 의심만 하지 말지어다. 모(某)는 고하노라.

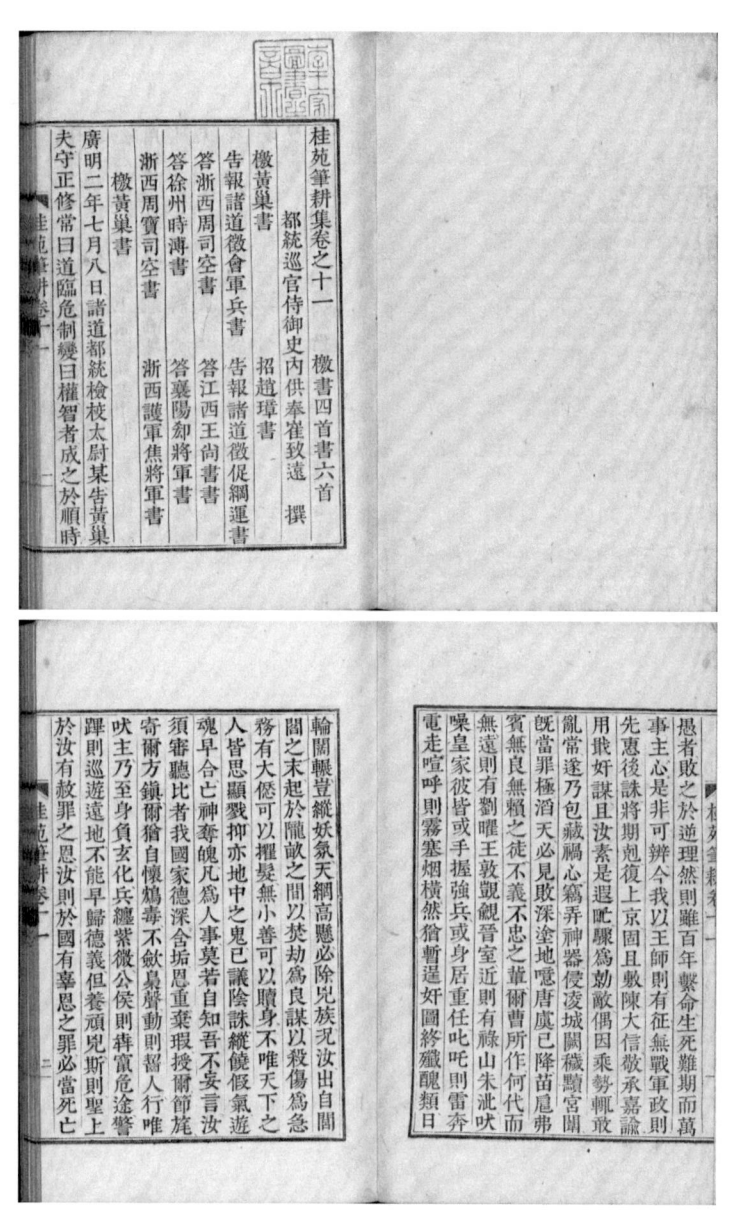

「격황소서」(『계원필경』권11)

▦ 참산의 신령에게 제사 지낸 글

　모년 모월 모일

　신라국입회남사(新羅國入淮南使) 검교창부원외랑(檢校倉部員外郎) 수한림랑(守翰林郎)으로 비은어대(緋銀魚袋)를 하사받은 김인규(金仁圭)와 회남입신라겸송국신등사(淮南入新羅兼送國信等使) 전(前) 도통순관(都統巡官) 승무랑(承務郎) 전중시어사(殿中侍御史) 내공봉(內供奉)을 지냈으며, 비어대(緋魚袋)를 하사받은 최치원(崔致遠) 등이 삼가 맑은 술과 생뢰(牲牢)의 제물을 올려 경건히 참산대왕(嶄山大王)의 영전(靈前)에 정성을 바칩니다.

　삼가 생각건대, 옛날에 천지가 분리되며 처음 청탁(淸濁)으로 나뉠 적에, 융해(融解)하여 강과 바다가 되고 응결(凝結)하여 산악(山岳)이 되었습니다. 그리고 산악으로 말하면, 석산(石山) 위에 흙이 있거나 토산(土山) 위에 돌이 있는데, 소석(小石)이 많은 산은 오(磝)라고 하고 대석(大石)이 많은 산은 각(礐)이라고 합니다. 하지만 위엄과 신통을 지닌 산은 드물어서, 모나고 뿔난 것도 없이 입을 다문 채, 그저 언덕과 서로 이어져 있으면서 구릉(丘陵)이나 부러워할 모습을 보일 따름입니다.

　그런데 오직 이 산의 신령만은 뇌뇌락락(磊磊落落)하여 제학(鯷壑, 발해)에 높이 솟아 군림하고, 참참암암(嶄嶄嵒嵒)하여 경담(鯨潭, 고래가 사는 깊은 바다)을 굽어보며 진압합니다. 위로는 운무(雲霧)가 뒤엉킨 뼈대가 되고, 아래로는 파도가 격동하는 동굴이 됩니다. 아침에는 금오(金烏, 해)를 영접하기 위해 먼저 나오고, 밤에는 은섬(銀蟾, 달)을 전송한 뒤에야 자취를 감춥니다.

　그러므로 드높은 덕이 동하(東夏)와 서이(西夷)에 환히 드러났으며, 현묘한 그 공은 남숙(南儵, 남해 임금 숙)과 북훌(北忽, 북해 임금 훌)의 손을 빌리지 않았습니다. 저 직녀(織女)의 베틀이 하한(河漢, 은하)에 의지했다 하나 이는 한갓 이름만 내세운 것이요, 진제(秦帝, 진시황)의 다리가 명발(溟渤, 발해)에 걸렸다 하나 이는 형체를 막심하게 괴롭힌 것입니다. 매양 조각옥을 쌓아 저장했다고 일컬어지니, 어찌 한 쌍의 옥구슬의 반열에 끼일 뿐이겠습니까. 그리하여 마침내 왕래하는 자들로 하여금 경건히 영령에 의탁하게 하고, 기도하는 자들로 하여금 모조리 정성을 쏟아 붓게 하였습니다. 마름과 쑥을 제물(祭物)로 올릴 수도 있는 것이니, 기장과 피가 향기롭지 않다는 말을 믿겠습니다.

지금 김인규 등은 오래전에 중국에 조빙(朝聘)하는 명을 받들었고, 최치원은 처음으로 고국에 빙문(聘問)하는 명을 받들었습니다. 다행히도 같은 배를 타고 돌아가게 되었는데, 앞으로 말고삐도 나란히 할 수 있을 것입니다. 호월(胡越, 호나라와 월나라)의 뜻이 다를까 걱정할 것이 없으니, 어찌 이곽(李郭, 이응과 곽태)의 명성이 성대하다고 부끄러워할 것이 있겠습니까.

지난해 초겨울에 동모(東牟, 등주)의 동쪽까지 왔습니다만, 넓은 바닷길은 아직도 먼데 현율(玄律, 겨울철)은 막바지로 치닫는 때라, 바다 물결이 사나워서 뱃머리에 익조(鷁鳥)를 달더라도 선박을 띄우기가 어려웠고, 바람 소리가 요란해서 고니도 새장을 떠나기를 두려워하였습니다. 그래서 마침내 나무 속을 파내어 만든 배를 해안에 대고, 뿌리 잘린 쑥대를 안정시키기에 이르렀습니다.

전일(前日)에 단월(端月, 음력 1월)을 맞이했으나 여전히 대풍(大風)이 무섭기에, 목을 빼고서 돌아오는 제비를 기다리고, 눈을 돌려서 돌아가는 기러기를 전송했습니다. 바야흐로 무사히 건너갈 날을 기약하며, 거북점

[龜占]과 시초점[筮占]으로 낸 길한 때에, 곧장 계림(雞林)을 향하여 경쾌하게 작은 배 한 척을 띄울 것이니, 어찌 천리마의 말발굽에 뒤지겠습니까. 송골매의 민첩함과 겨루어 보고자 합니다.

멀리 신령스런 봉우리에 나아가 뵈려고 해도 수궁(壽宮)을 찾을 수는 없고, 푸른 연꽃 같은 봉우리가 거대한 물속에 거꾸로 잠긴 것과 푸른 고둥 같은 산이 맑게 갠 하늘을 높이 떠받친 것만 보이기에, 위엄 있는 신령이 풍진 밖에 치솟은 것을 우러르고, 그림자와 메아리가 구름 속에 나부끼는 것을 연상하였습니다. 이에 음식을 정결히 마련하고 살찐 고기와 맛 좋은 술을 가렸으니, 술맛은 순후(醇厚)하고 희생(犧牲)은 풍성합니다. 삼가 변변치 못한 예를 올리며 감히 뒤에서 돕는 숨은 공을 바라는 바입니다.

삼가 바라옵건대, 대왕께서는 가만히 입김을 불어넣고 은밀히 지시를 내려 파도의 신이 공손히 두 손을 마주잡고 바다여신이 공경히 옷깃을 여미게 함으로써, 초나라 군사를 위한 남풍(南風)이 건듯 불어와, 정백(鄭伯)을 위한 동도(東道)가 활짝 트이게 해 주소서. 그리하여 수경(水鏡)의 마음을 비추어 미추(美醜)를 분간하게 하고, 흙 담는 자루의 주둥이를 꿰매어 자웅(雌雄, 자풍과 웅풍)이 뒤섞이지 않게 하면, 아침에 끝없이 광대한 바다를 관통하고 저녁에 동방의 들판을 횡단하여, 반드시 송나라 사영운(謝靈運)처럼 굴을 캐러 가고, 제나라 장융(張融)처럼 육포(肉脯)를 노래하는 일을 면할 수 있을 것입니다.

이와 함께 모(某)가 물가에 임하여 스스로 살펴보건대, 마치 나무 끝에 오른 것처럼 더욱 두려워지기만 합니다. 생각하면 옛날에 가난해서 눈에 비친 달빛을 등불 삼고, 얼음물을 저녁에 마시면서, 여러 해 동안 홀로 학업에 힘쓰다가, 오늘에야 비로소 어버이를 찾아뵙게 되었습니다. 그런데 장차 형주(荊州)의 비단인지 물어보려다가, 외람되게 회계(會稽)의 비단

옷을 입게 되었으므로, 총애를 받고는 큰일 날 듯 깜짝 놀라면서, 물이 가득 찬 그릇을 받들고 가는 심경이 되었습니다. 비록 지혜는 미치지 못하는 점이 있어도, 때가 된 뒤에 가야 한다는 것은 알고 있는데, 더군다나 어필(御筆)을 받들고 가는 몸이라서 왕정(王程)이 지체될까 염려됩니다.

지금은 행장(行裝)을 이미 꾸리고 행색(行色)을 엄연히 차렸습니다. 좋은 경치를 구경하고 노래 부르며, 배 띄워 순식간에 바다를 편히 건너도록, 오직 대왕의 바람에 부탁드리는 바이니, 일찍 군자의 나라에 돌아가서 황제의 명령을 전할 수 있도록 신령의 직분을 소홀히 하지 말기 바랍니다.

상향(尙饗).

7장
붓으로 새기다

▨ 지리산 쌍계사 진감선사 대공탑비

　유당 신라국의 돌아가신 지리산 쌍계사 교시 진감선사 비명 - 서(序)를 겸하다
　전에 서국(西國, 당나라)에서 도통순관 승무랑 시어사 내공봉을 지냈으며, 자금어대(紫金魚袋)를 하사받은 신(臣) 최치원, 왕명을 받들어 찬술하고 아울러 전자(篆字)로 제액(題額)을 쓰다

　무릇 도(道)는 사람에게서 멀리 있지 않으며, 사람은 나라에 따른 차이가 없다. 그렇기 때문에 동방 출신의 사람들(신라인들)이 불교를 공부할 수도 있고 유교를 공부할 수도 있는 것이다. 그런데 이를 위해서는 반드시 서쪽으로 큰 바다에 배를 띄우고 거듭 통역을 바꿔 가면서 유학을 해야 한다. 목숨은 조각배에 의지하고 마음은 보배로운 섬에 이르기를 고대하면서, 빈손으로 갔다가 채워서 돌아오니 먼저 어려운 일을 겪어야만 뒤

에 얻을 수가 있는 것이다. 이 또한 험준한 곤륜산(崑崙山)을 꺼리지 않고 옥을 캐는 사람이나 여룡(驪龍)이 서린 심연(深淵)을 사양하지 않고 구슬을 찾는 사람과 비슷하다고 할 것이다. 그리하여 마침내 불교의 혜거(慧炬)를 얻으면 오승(五乘)의 광채와 융화되고, 유교의 가효(嘉肴)를 얻으면 육경(六經)의 진미를 만끽하게 되어, 1천 가문이 다투어 선(善)에 들어오고 온 나라가 인(仁)한 마음을 일으킬 수 있는 것이다.

그런데 학자 중에는 신독(身毒)과 궐리(闕里)에서 설하는 가르침이 흐름도 다르고 체제도 달라서 둥근 구멍에 모난 자루를 끼우는 것처럼 상호 모순되어 한 모퉁이만 차지하고 있을 뿐이라고 주장하는 사람도 있는데, 이에 대해서 시험 삼아 논해 보면, '시를 해설하는 사람은 하나의 글자 때문에 한 문장의 뜻을 해쳐서는 안 되고, 하나의 문장 때문에 전체의 의미를 해쳐서도 안 된다.[說詩者 不以文害辭 不以辭害志]'라고 하겠다.

또 『예기(禮記)』에서 '말의 뜻이 어찌 한 가지뿐이겠는가? 상황에 따라서 각기 해당하는 바가 다를 수 있다.[言豈一端而已 夫各有所當]'라고 하였다. 그렇기 때문에, 여산(廬山)의 혜원(慧遠)은 논을 지어, '석가여래(釋迦如來)와 주공(周公)과 공자(孔子)는 출발점은 다를지라도 귀착점은 동일한데, 두 종교의 정수를 함께 아우르지 못하는 것은 사람들이 그 둘을 허심탄회하게 받아들이지 못하기 때문이다.[如來之與周孔 發致雖殊 所歸一揆 體極不能兼者 物不能兼受故也]'라고 하였고, 심약(沈約)은 '공자는 단초를 열었고 석가는 극치를 다했다.[孔發其端 釋窮其致]'라고 말했다. 그들은 참으로 대체(大體)를 아는 자라고 이를 만하니, 이 정도는 되어야 비로소 지극한 도(道)에 대해서 더불어 이야기할 수 있을 것이다. 그런데 불교에서 심법(心法)에 대해 이야기하는 것으로 말하면, 현묘하고 현묘해서 어떤 이름으로도 일컬을 수가 없고 어떤 설명으로도 설명할 수가 없다. 비록 달을 가리키는 손가락[月指]의 뜻이나 앉아서 무아의 경지[坐忘]를 체득했다고 할지라도, 끝내는 바람이나 그림자를 붙잡아 매기 어려운 것처럼 표현하기 어렵다고 해야 할 것이다. 그렇긴 하지만 멀리 오르려면 가까운 곳에서부터 출발해야 하는 것이니, 언어로 비유를 취해서 말한들 무슨 상관이 있겠는가?

옛날 공자(孔子)는 문제자(門弟子)에게 이르기를, '나는 말을 하지 않으려 한다. 하늘이 무슨 말을 하던가?[予欲無言 天何言哉]'라고 하였다. 이는 저 정명(淨名)이 침묵으로 문수(文殊)를 대하고 선서(善逝)가 가섭(迦葉)에게 은밀히 전한 것과 통하는 것이다. 그러고 보면 굳이 언어를 사용하지 않고도 서로 마음을 전할 수 있는 방법이 있다고도 하겠다. 하지만 하늘이야 말을 하지 않는다고 하더라도, 우리 일반인들이야 이 언어를 사용하지 않고 어떻게 의사를 표현할 수가 있겠는가. 멀리 현묘한 도를 전하여 널리 우리나라를 빛낸 분이 계시는데, 그분이 또 어찌 우리와 다른 사람이겠는가? 선사(禪師)가 바로 그분이시다.

선사의 법휘(法諱)는 혜소(慧昭)요, 속성(俗姓)은 최씨(崔氏)이다. 그의 선조는 한족(漢族)으로 산동(山東)에서 벼슬하는 집안이었다. 수(隋)나라 군대가 요동(遼東)을 정벌할 적에 고구려에서 많이 죽었는데, 그때 뜻을 굽혀 고구려의 백성이 된 사람이 있었다. 그 뒤 성당(聖唐)의 시대에 와서 옛날 한사군(漢四郡)의 지역이 판도로 들어올 적에, 지금의 전주(全州) 금마(金馬)에서 터를 잡고 살게 되었다. 부친은 창원(昌元)이라고 하는데, 재가 중에 출가인의 행동을 보였다. 모친 고씨(顧氏)가 일찍이 낮에 잠깐 잠든 사이에 꿈을 꾸니 '범승(梵僧) 한 사람이 나타나서 말하기를, "내가 아미(阿㜷, 어머니)의 아들이 되고자 합니다." 하고는, 유리병을 주는 것'이었다. 이 꿈을 꾸고 얼마 지나지 않아서 선사를 잉태하였다.

선사는 태어날 적에 울지 않았다. 이는 바로 일찍부터 언성(言聲)을 내지 않는 상서로운 싹을 보여주는 것이었다. 이를 갈 무렵에 아이들과 어울려 놀 적에도 반드시 나뭇잎을 태워 향을 피우는가 하면 꽃을 꺾어 헌화하곤 하였으며, 간혹 서쪽을 향해 단정히 앉아서 해 그림자가 옮겨 가도록 꼼짝하지 않은 때도 있었다. 이를 통해서 대사의 선한 근본은 원래 백천겁 이전부터 길러진 것으로서 사람들이 발돋움해도 따라갈 수 있는 것이 아님을 알 수 있다고 하겠다.

머리를 땋은 아이 때부터 관을 쓴 어른이 될 때까지 어버이의 은혜를 갚으려는 뜻이 절실해서 잠시도 잊은 적이 없었다. 그런데 집에는 한 말의 곡식도 저축한 것이 없었고, 또 천시(天時)를 훔칠 만한 조그마한 땅도 없어서 구복(口腹)의 봉양을 위해서는 오직 자기의 노동력을 믿는 수밖에 없었다. 이에 생선 파는 일에 종사하며 어버이의 입에 맞는 음식을 올리려고 노력하였는데, 손은 수고롭게 그물을 짜지 않았어도 마음은 물고기 잡는 일을 이미 잘 알아서 철숙(啜菽)의 봉양을 넉넉히 하며 채란(采蘭)의 노래에 걸맞게 할 수 있었다. 그러다가 어버이 상을 당해서는 흙을 직접 등에 지고 날라 봉분하고는 말하기를,

"길러 주신 은혜에 대해서는 애오라지 힘닿는 대로 보답하려고 노력하였다. 이제 희미(希微)의 경지에 대해서 마음속으로 구하지 않을 수가 있겠는가? 내 어찌 젊은 나이에 뒤웅박처럼 그냥 한 곳에만 죽치고 있어서야 되겠는가?"

라고 하였다.

드디어 정원(貞元) 20년(804년, 애장왕 5년)에 세공사(歲貢使)에게 가서 뱃사공이 되겠다고 청하여 서쪽으로 가는 배에 발을 붙인 뒤에 궂은일을 마다하지 않으면서 험난한 길도 평탄하게 여겼다. 그리하여 자비의 배를

저어 고난의 바다를 건넌 뒤에 피안(彼岸)에 도착하여 국사(國使)에게 고하기를,

"사람마다 각자 뜻이 다르니, 여기에서 작별할까 합니다."

라고 하였다. 마침내 길을 떠나 창주(滄洲)에 와서 신감대사(神鑑大師)를 찾아보고는 오체투지(五體投地)의 절을 올렸는데, 절이 끝나기도 전에 대사가 기뻐하며 말하기를,

"전생에서 아쉽게 이별한 지 얼마 되지 않아 지금 다시 만나니 기쁩니다."

라고 하였다. 그러고는 서둘러서 머리를 깎고 승복을 입은 뒤에 얼른 인계(印戒)를 받았는데, 마치 불이 마른 쑥으로 타 들어가고 물이 저습(低濕)한 곳으로 번져 가는 것과 같았다. 그 모습을 본 승도(僧徒)들은 서로 이르기를, '동방의 성인(聖人)을 여기에서 다시 뵙게 되었다.'라고 하였다.

선사는 형모(形貌)가 검었으므로, 대중이 이름을 부르지 않고 지목하여 흑두타(黑頭陀)라고 하였다. 이는 현묘한 이치를 탐구하며 말없이 처하는 것이 참으로 칠도인(漆道人)의 후신(後身)으로 여겨졌기 때문이니, 어찌 도읍 안의 얼굴 검은 사람이 뭇사람들의 마음을 위로했던 일에만 비교될 뿐이었겠는가? 길이 적자(赤頿)와 청안(靑眼)과 더불어 색상(色相)으로 드러내 보일 만한 일이라고 하겠다.

원화(元和) 5년(810년, 헌덕왕 2년)에 숭산(嵩山) 소림사(少林寺) 유리단(琉璃壇)에서 구족계(具足戒)를 받았으니, 이는 성선(聖善, 어머니)이 꾼 예전의 꿈과 부절을 합친 것처럼 완전히 들어맞는 것이었다. 계율을 지키는 것을 구슬처럼 맑게 한 뒤에 다시 배움의 바다로 돌아왔는데, 하나를 들으면 열을 알아서 마치 홍색이 꼭두서니보다 더 붉고 청색이 쪽보다 더 푸른 것처럼 스승을 능가하였다. 마음은 지수(止水)와 같이 맑았지만 행

적은 조각구름과 같이 떠돌았다.

　본국의 승려인 도의(道義)가 선사보다 먼저 중국에 와서 불법(佛法)을 구하였는데, 해후하여 평소의 소원을 풀었으니, 이는 서남쪽에서 벗을 얻은 것이었다. 사방으로 멀리 선지식(善知識)을 찾아다니며 불지견(佛知見)을 증득하고는 의공(義公)이 먼저 고국에 돌아가자 선사는 그 길로 종남산(終南山)으로 들어갔다.

　만 길 산봉우리 위에 올라가 송실(松實)을 먹고 지관(止觀)하며 적적하게 지낸 것이 3년이요, 그 뒤에 다시 자각(紫閣)으로 나와 번화한 교통의 요지에서 짚신을 삼아 널리 보시(布施)하며 바쁘게 왕래한 것이 또 3년이었다. 이렇게 해서 고행(苦行)의 수행을 일단 마친 뒤에, 다른 지방에 만행(萬行)을 하는 일도 일단락을 지었다.

　그러나 공(空)의 도리를 터득하였다고 하더라도 이 몸의 근본인 고향이야 어떻게 잊을 수가 있겠는가? 그리하여 태화(太和) 4년(830년, 흥덕왕 5년)에 귀국하니, 대각(大覺) 상승(上乘)의 빛이 우리 인역(仁域)을 환히 비췄다. 흥덕대왕(興德大王)이 봉필(鳳筆)을 날려 영접하여 위로하면서 이르기를,

　"도의선사(道義禪師)가 지난번에 돌아왔는데 상인(上人)이 잇따라 이르러서 두 분의 보살(菩薩)이 되셨도다. 예전에 흑의(黑衣)의 인걸이 있다는 말을 들었는데, 지금 납의(衲衣)의 영걸을 보게 되었도다. 미천(彌天)의 자애와 위엄을 온 나라가 기뻐하며 의지하고 있으니, 과인이 장차 동쪽 계림(雞林)의 경내를 가지고 길상(吉祥)의 집을 이룩하리라."
라고 하였다.

　처음에 상주(尙州) 노악(露岳) 장백사(長柏寺)에서 석장(錫杖)을 머물렀는데, 의원의 집에 환자가 많은 것처럼 사람들이 구름처럼 모여들었다.

그래서 사원이 비록 널찍하긴 하였지만, 물정(物情)이 스스로 비좁게 여겼으므로, 마침내 걸어서 강주(康州) 지리산(智異山)으로 갔다. 그때 몇 마리의 오도(於菟)가 포효하며 앞길을 인도하였는데, 위험한 길은 피하고 평탄한 길로 향하는 것이 유기(俞騎)와 다를 것이 없었으므로, 따르는 자들이 겁내지 않고 집에서 기르는 개처럼 여겼다. 이것은 선무외(善無畏) 삼장(三藏)이 영산(靈山)에서 여름 장마 때 외출하지 않고 수행할 적에 맹수가 앞길을 인도한 결과 깊이 산혈(山穴) 속으로 들어가서 석가모니의 입상(立像)을 보게 된 일과 사적(事跡)이 완전히 일치하는 것이니, 저 축담유(竺曇猷)가 꾸벅꾸벅 조는 호랑이의 머리를 두드려서 송경(誦經)하는 소리를 잘 듣게 한 일만 전적으로 승사(僧史)에서 미담으로 꼽히게 할 수는 없는 일이다. 이렇게 해서 화개곡(花開谷)의 고(故) 삼법 화상(三法和尙)의 난야(蘭若)의 옛터에 당우(堂宇)를 수축하니, 엄연히 조물(造物)이 이루어 놓은 것만 같았다.

개성(開成) 3년(838년, 민애왕 1년)에 민애대왕(愍哀大王)이 갑작스럽게 보위에 오르고 나서 깊이 부처의 자비에 의탁할 목적으로 새서(璽書)를 내리고 재(齋)를 올리는 비용을 보내며 특별히 발원해 줄 것을 청하였다. 이에 선사가 이르기를,

"부지런히 선정(善政)을 행하면 될 것입니다. 발원은 해서 무엇 하겠습니까."

라고 하였다. 사신이 왕에게 복명을 하니, 왕이 이 말을 듣고는 부끄러운 한편으로 깨닫는 점이 있었다. 선사가 색(色)과 공(空) 두 가지를 초월하고 정(定)과 혜(慧)에 모두 원만하다 하여, 왕이 사신을 보내 혜소(慧昭)라는 호를 하사하였는데, 이 '소(昭)' 자는 성조(聖朝)의 묘휘(廟諱)를 피하여 바꾼 것이다.

이와 함께 대황룡사(大皇龍寺)에 사적(寺籍)을 편입시키고 경읍(京邑)으로 올라오도록 징소(徵召)하였는데, 왕복하는 사신의 말고삐가 길에서 교차하였지만, 선사는 산악처럼 우뚝 서서 그 뜻을 바꾸지 않았다. 옛날에 승조(僧稠)가 원위(元魏)의 세 차례 초빙에도 응하지 않으면서 말하기를

"산에서 수도하며 대도(大道)에 어긋나지 않게 해 주기를 청한다.[在山行道 不爽大通]"

라고 하였는데, 깊은 산 속에 거하며 고상한 뜻을 기르는 것이 시대는 달라도 그 지취(志趣)를 서로 같이 한다고 하겠다. 여러 해를 머무는 동안 가르침을 청하는 자들이 벼와 삼대처럼 대열을 이루어 거의 송곳 꽂을 땅조차 없었다.

그리하여 마침내 기이한 지역을 두루 물색하다가 남령(南嶺)의 산기슭을 얻으니 전망이 트이고 상쾌하기가 으뜸이었으므로 이곳에 선찰(禪刹)을 경영하였다. 뒤로는 노을 진 산봉우리를 기대고 앞으로는 구름 이는 시내를 굽어보았다. 시계(視界)를 맑게 하는 것은 강 건너 먼 산악이요, 귀뿌리를 시원하게 하는 것은 바위틈에서 쏟아져 나와 날리는 여울물 소리이다.

여기에 또 봄에는 냇물에 꽃잎이 떠서 흘러가고, 여름에는 소나무 그늘이 길에 드리우고, 가을에는 골짜기에 달빛이 부서지고, 겨울에는 산마루에 흰 눈이 뒤덮인다. 이처럼 사시에 따라 모습을 뒤바꾸고 만상(萬象)이 빛을 교차하는 가운데, 100가지 자연의 피리 소리가 조화롭게 연주되고 1천 개의 바윗돌이 빼어난 자태를 경쟁한다. 그래서 일찍이 중국에서 노닐었던 자들도 여기에 와서는 모두 놀란 눈으로 바라보며 말하기를,

"원공(遠公)의 동림(東林)을 바다 밖으로 옮겨 왔구나. 연화세계(蓮花世界)야 범인의 상상으로 추측해서 될 일이 아니겠지만, 호리병 속에 별

도로 천지가 있다는 이야기는 믿을 만하다."

라고 하였다. 대나무 홈통을 시렁처럼 이어 물을 끌어 와서 섬돌 주위 사방으로 물을 대고는 비로소 옥천(玉泉)이라는 이름으로 사원의 현판을 삼았다.

선종(禪宗)에서의 법통을 손꼽아 세어 보면, 선사는 바로 조계(曹溪, 혜능)의 현손에 해당한다. 그렇기 때문에 육조(六祖, 혜능)의 영당(影堂)을 건립하고 분 바른 벽에 채색을 하여 널리 중생을 유도(誘導)하는 자료로 삼았으니, 이는 경(經)에서 말한 바, '중생의 마음을 기쁘게 해 주려는 까닭에, 현란하게 채색하여 여러 가지 상을 그린 것[爲說衆生故 綺錯繪衆像]'이라고 할 것이다.

대중(大中) 4년(850년, 문성왕 12년) 1월 9일 아침에 문인(門人)에게 고하기를,

"만법(萬法)이 모두 공(空)하니, 내가 이제 가려 한다. 일심(一心)이 근본이니, 너희들은 힘쓸지어다. 탑(塔)을 세워서 육신을 보존하려 하지 말고, 명(銘)을 지어서 행적을 기록하려 하지 말라."

하고는, 말을 끝내자 앉은 자세로 입멸하였다. 세속의 나이로 77세요, 승려의 나이로 41세였다. 이때 하늘에 구름 한 점 없었는데, 바람과 우레가 갑자기 일어나고, 범과 늑대가 슬피 울부짖었으며, 삼나무와 잣나무가 변하여 시들었다. 그리고 얼마 지나지 않아 자색(紫色) 구름이 하늘을 뒤덮더니 공중에서 손가락 튀기는 소리가 들렸는데, 장례식에 모인 사람들이 귀로 듣지 않은 이가 없었다. 양사(梁史)에도 시중(侍中) 저상(褚翔)이 사문(沙門)을 청해 모친의 병을 낫게 해 달라고 복을 빌었을 때 공중에서 손가락 튀기는 소리가 들렸다는 기록이 있는데, 그러고 보면 거룩하게 말 없는 가운데 감응한 것에 어찌 속임이 있다고 하겠는가? 도(道)에 뜻을

둔 자들은 말을 전해 조문하였고, 정(情)을 잊지 못하는 자들은 슬픔에 겨워 눈물을 흘렸으니, 하늘과 사람이 비통해하며 애도한 것을 단적으로 알수가 있다. 영함(靈函, 관곽)과 유수(幽隧, 묘혈)를 사전에 준비해 두게 하였던 바, 제자 법량(法諒) 등이 호곡하며 선사의 시신을 받들어 하루도 넘기지 않고 동쪽 봉우리 묘역에 장사 지냈으니, 이는 유명(遺命)을 따른 것이었다.

선사의 성품은 질박함을 잃지 않았으며, 말도 기교를 부리는 법이 없었다. 입는 것은 허름한 옷도 따뜻하게 여겼고, 먹는 것은 거친 음식도 맛있게 여겼으며, 도토리와 콩이 뒤섞인 밥에 나물 반찬도 두 가지가 없었다. 현귀한 자들이 때때로 찾아와도 대접하는 음식이 하나도 다르지 않았다. 문인이 배 속을 거북하게 할 것이라면서 난색을 표명하기라도 하면, 선사가 이르기를,

"마음이 있어서 찾아왔을 것이니, 거친 밥인들 무슨 상관이 있겠느냐?"

하였다. 그러고는 존귀한 사람이나 비천한 사람이나 늙은이나 젊은이나 모두 똑같이 대하였다. 매번 왕인(王人, 사신)이 역마(驛馬)를 타고 왕명을 전하러 와서 법력(法力)을 멀리서 기원할 때면 말하기를,

"왕토(王土)에 거하면서 불일(佛日)을 머리에 이고 있는 자라면 그 누가 마음을 기울여 호념(護念)하며 임금을 위해 복을 빌지 않겠습니까? 그런데 또 뭐하러 꼭 마른 나무나 썩은 등걸 같은 이 몸에게 멀리 와서 왕명을 욕되게 한단 말입니까? 역마가 배고파도 먹지 못하고 목말라도 마시지 못하는 것이 실로 안쓰럽기만 합니다."

라고 하였다. 혹 호향(胡香)을 선물하는 자가 있으면, 질화로에 잿불을 담아 환(丸)을 만들지도 않고 사르면서 말하기를,

"나는 이 냄새가 무슨 냄새인지도 알지 못합니다. 그저 마음을 경건히

할 따름입니다."

라고 하였으며, 또 중국차를 올리는 자가 있으면, 돌솥에 불을 지피며 가루로 만들지도 않고 달이면서 말하기를,

"나는 이 맛이 무슨 맛인지 알지 못합니다. 그저 뱃속을 적실 따름입니다."

라고 하였다. 진성(眞性)을 보전하고, 속정(俗情)을 멀리하는 것이 모두 이런 식이었다.

선사는 본디 범패(梵唄)를 잘하였다. 그 음성은 마치 금옥(金玉)이 울리는 것 같았는데, 측조(側調)로 날리는 소리가 상쾌하고도 애잔하여 제천(諸天)의 신들을 환희하게 할 정도여서 길이 먼 곳까지 유전(流傳)될 만한 것이었다. 이를 배우는 자들이 당우(堂宇)에 가득하였는데, 선사는 싫증을 내지 않고 이들을 정성껏 가르쳤다. 그래서 지금까지 동국(東國)에서 어산(魚山, 범패)의 묘음(妙音)을 익히는 자들이 다투어 코를 막는 것처럼 하면서 옥천(玉泉, 진감선사)의 여향(餘響)을 본받으려고 하니 이 어찌 성문(聲聞)으로 제도하는 교화가 아니겠는가.

선사가 열반에 든 것은 문성대왕(文聖大王)의 조정 때였는데, 상이 마음속으로 측은하게 여긴 나머지 청정한 시호를 내리려다가 선사의 유계(遺戒)를 듣고는 마음속으로 부끄럽게 여겨 그만두었다. 그로부터 36년의 세월이 흐른 뒤에 문인들이 능곡(陵谷)을 염려하여 선사의 법도를 흠모하는 제자들에게 불후하게 할 방도를 의논하게 하였다. 이에 내공봉(內供奉) 일길한(一吉干) 양진방(楊晉方)과 숭문대랑(嵩文臺郎) 정순일(鄭詢一)이 쇠를 자를 정도로 마음을 같이하여 선사의 행적을 비석에 새기게 해 달라고 청하였다. 그러자 헌강대왕(憲康大王)이 지화(至化)를 드넓히고 진종(眞宗)을 흠앙하는 뜻에서 진감선사(眞鑑禪師)라고 추시(追諡)하

고 대공령탑(大空靈塔)이라는 탑명을 내리는 한편 전각(篆刻)을 허락하여 길이 영예를 누리게 하였다. 아름답도다. 해는 양곡(暘谷)에서 떠서 으슥한 곳을 비추지 않는 때가 없고, 바닷가 해안에 뿌리박은 향초는 세월이 오래 흐를수록 더더욱 향기를 발할지어다.

혹자는 '선사가 명(銘)을 짓지도 말고 탑(塔)을 세우지도 말라고 유계(遺戒)를 내렸는데, 서하(西河)의 문도(門徒)에 내려와서 선대(先代)의 뜻을 확고하게 봉행하지 못하였다. 이는 임금에게 억지로 청해서 그렇게 된 것인가, 아니면 임금이 자진해서 그렇게 해 준 것인가. 그저 흰 옥의 흠이 되기에 알맞은 일'이라고 할지도 모른다. 아, 그러나 이렇게 비난한다면 그도 역시 잘못된 것이다. 이름이 드러나지 않게 하였는데도 이름이 드러나는 것은 대개 선정(禪定)의 힘에 의한 결과로 받는 보답이다. 재처럼 싸늘하게 사그라지고 번개처럼 순식간에 사라지게 하는 것보다는 해야 할 일을 해야 할 때에 함으로써 그 명성이 대천세계(大千世界)에 울려 퍼지게 하는 것이 낫지 않겠는가?

지리산 쌍계사 진감선사 대공탑비

그런데 거북이의 등에 비석을 올려놓기도 전에 용이 승천하듯 헌강대왕이 갑자기 승하하고 금상(今上, 정강왕)이 뒤를 이어 즉위하였는데, 훈지(塤篪)가 서로 화답하듯 부촉한 그 뜻에 잘 부응하여 원래의 계획대로 일을 진행하였다.

이웃 산의 초제(招提, 사찰)에 또 옥천(玉泉)이라는 이름이 있었으므로 사원의 이름이 서로 겹쳐서 사람들이 듣고 의혹하였다. 장차 같은 이름을 버리고 다른 이름을 취하려면 의당 옛 이름을 버리고 새 이름을 따라야 했으므로, 사원의 앞과 뒤의 경관(景觀)을 살펴보게 하였더니, 문간에 두 개의 시내가 임해 있다고 대답하였다. 그래서 상이 사원의 제호(題號)를 내려 쌍계(雙磎)라고 하였다.

상이 하신(下臣, 최치원)에게 거듭 명하기를,

"선사는 행실로 드러났고 그대는 문장으로 진출했다. 그러니 그대가 명(銘)을 짓도록 하라."

라고 하기에, 치원(致遠)이 배수(拜手)하고 아뢰기를,

"예, 잘 알겠습니다."

라고 하였다. 그리고 나서 물러 나와 생각해 보니, 그동안 중국에서 명성을 낚으며 장구(章句) 사이에서 살지고 기름진 작품들을 저작(咀嚼)하였을 뿐, 구준(衢罇)에 대해서는 만끽하며 취해 보지 못한 채, 오직 우물 안의 개구리처럼 진흙탕 속에 깊이 빠져 허우적거린 것이 부끄럽게 여겨졌다. 더구나 불법(佛法)은 문자를 떠난 것으로서 언어를 구사해 볼 여지가 전혀 없는 데야 더 말해 무엇 하겠는가? 만약 뭐라고 말하기라도 한다면 그것은 북쪽으로 수레를 몰면서 남쪽에 있는 초(楚)나라의 수도 영(郢)으로 가려고 하는 것이나 다름없을 것이다. 하지만 국왕의 외호(外護)와 문인의 대원(大願)을 생각한다면 문자를 사용하지 않고서는 사람들의 눈을

분명하게 밝혀 줄 수가 없을 것이다.

그래서 마침내 과감하게 글을 짓고 글씨를 쓰는 두 가지 일을 한 몸에 떠맡고서 있는 힘껏 다섯 가지 기능을 한번 모방해 보기로 하였다. 돌에 신이 붙어 무슨 말을 할지도 모르는 일이라서 부끄럽고 두렵기는 하지만, 도(道)라는 것도 알고 보면 억지로 이름을 붙인 것이니, 무엇이 옳고 무엇이 그르다고 하겠는가? 그러니 서투른 솜씨지만 필봉(筆鋒)을 숨기는 일을 신이 어떻게 감히 할 수 있겠는가? 앞서 언급한 뜻을 거듭 펼쳐서 삼가 다음과 같이 명(銘)하는 바이다.

입 다물고 선정 닦으며	杜口禪那
마음으로 불타에 귀의했나니	歸心佛陀
근기(根機)가 성숙한 보살의 차원에서	根熟菩薩
도를 넓힐 뿐 다른 뜻이 없었다오.	弘之靡它
용감하게 호랑이 굴을 더듬고	猛探虎窟
고래 물결에 멀리 배를 띄워	遠泛鯨波
가서는 의발(衣鉢)을 전수받고	去傳秘印
와서는 신라를 교화했다오.	來化斯羅
그윽한 곳 찾아 승경을 가려	尋幽選勝
바위 벼랑에 터 잡고 쌓은 뒤에	卜築巖磴
물과 달을 보며 심회를 맑게 하고	水月澄懷
구름과 샘물에 감흥을 부쳤다오.	雲泉寄興
산은 성과 더불어 적연부동(寂然不動)하고	山與性寂
골에는 범패(梵唄) 소리 메아리치는 가운데	谷與梵應
부딪치는 경계마다 걸림이 없었나니	觸境無礙
기심(機心)을 쉬는 이것이 증입(證入)이라.	息機是證

도로써 다섯 조정 협찬을 하고	道贊五朝
위엄으로 뭇 요괴를 꺾으면서	威摧衆妖
묵묵히 자비의 그늘 드리웠을 뿐	默垂慈蔭
임금님의 초빙은 한사코 거절하였다오.	顯拒嘉招
바다야 원래 표탕하는 법이지만	海自飄蕩
산이야 언제 동요한 적 있었으리	山何動搖
어떤 생각이나 염려도 하지 않고	無思無慮
깎거나 새겨 꾸미지도 않았다오.	匪斲匪雕
먹는 것도 두 가지 음식이 없었고	食不兼味
입는 것도 꼭 구비하지 않았으며	服不必備
비바람 몰아쳐 어둑한 때에	風雨如晦
처음부터 끝까지 한결같았다오.	始終一致
지혜의 가지가 바야흐로 벋어 나는데	慧柯方秀
불법의 동량이 느닷없이 쓰러지니	法棟俄墜
동천(洞天)의 골짜기는 처량해지고	洞壑凄涼
연하(煙霞)의 등라(藤蘿)는 초췌해졌도다.	煙蘿憔悴
사람은 없어도 도는 그대로	人亡道存
가신 님 끝내 잊을 수 없어	終不可諼
상사가 위에 탄원서를 올리니	上士陳願
임금님이 은총을 베풀었다네.	大君流恩
해외에 불법의 등불 전하며	燈傳海裔
운근 위에 우뚝 솟은 탑이여	塔聳雲根
천인의 옷자락에 반석이 다 닳도록	天衣拂石
산사(山寺)에 영원히 빛나리로다.	永耀松門

▤ 신라 가야산 해인사 선안주원 벽에 쓴 글

『예기(禮記)』「왕제(王制)」에, 동방을 '이(夷)'라고 하였다. 범엽(范曄)이 말하기를,

"이(夷)는 뿌리를 뜻한다. 어질고 살리기를 좋아하여 만물이 뿌리에서 땅을 밀고 나오는 것이다. 그러므로 천성이 유순하고 도리로서 다스리기 쉽다고 하였는데, 내 생각에, 이(夷)는 평이(平易)와 같은 말이니, 가르치고 인도하여 잘하게 하는 방도를 뜻한다."

라고 하였다.

『이아(爾雅)』에 보면, '동쪽으로 해뜨는 곳에 이르면 그곳이 태평(太平)이다. 태평의 사람은 어질다.'라고 하였으며, 『상서(尙書)』에는 '희중(羲仲)에게 명하여 우이(嵎夷)에 자리 잡게 하였으니, 양곡(暘谷)이라는 곳이다. 농사짓는 일을 고르게 보살핀다.'고 하였다. 그러므로 우리 대왕의 나라는 해처럼 떠오르고 달처럼 융성하며 물은 순조롭고 바람은 온화하다. 어찌 다만 깊이 움츠렸던 것이 다시 살아나는 것뿐이겠는가. 또한 새로운 싹이 나고 자라며 무성해지고 우거지니, 나고 자라는 것은 동쪽[震]을 터전으로 하는 것이다.

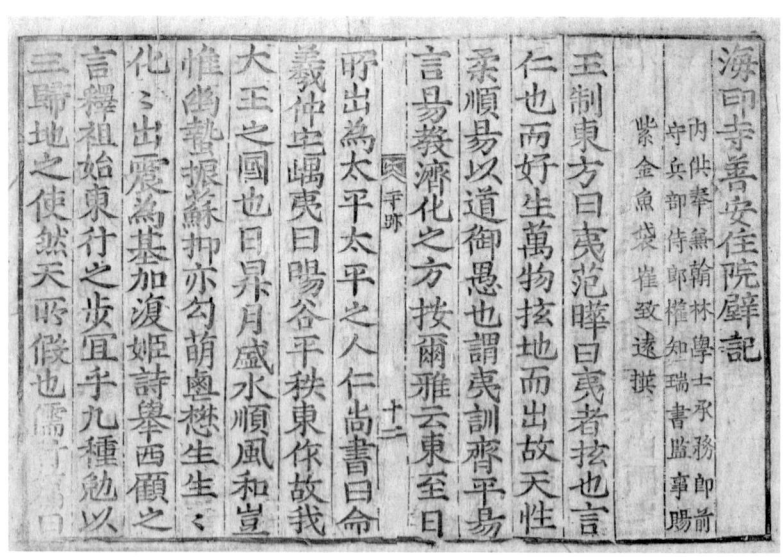

「해인사선안주원벽기」(『해인사사적』(奎11905))

더구나 『시경(詩經)』에 '서쪽을 돌아보자, 석가모니가 비로소 동쪽으로 걸음을 옮기었다.'라고 하니 더 말해 무엇 하겠는가. 구종(九種)이 삼귀(三歸)에 힘쓰는 것도 당연하다 할 것이다. 이는 땅이 그렇게 만든 것이며, 하늘이 그렇게 배려한 것이라고 하겠다.

『예기』「유행(儒行)」에는, '위로는 천자의 신하가 되지 않고, 아래로는 제후를 섬기지 않는다. 삼가고 고요히여 굉대힘을 숭상하니 널리 배워 행할 줄을 안다. 나라를 나눠 주더라도 가벼이 여겨 신하 노릇도 하지 않고 벼슬살이도 하지 않는다. 그 규범을 이와 같이 하는 자가 있다.'라고 하였다.

곧 『주역(周易)』에 이른, '왕후를 섬기지 않고 높이 자기의 일을 소중히 여긴다.'라는 것과 '숨어서 사는 사람은 바르게 살아서 길(古)하다.'라고 한 뜻이다. 숨어서 도를 행하는 사람이 어찌하여 중만을 가리키겠는가? 이것은 유학의 말을 인용하여 불교에 비유한 것이니, 예나 지금이나 마찬가지다. 훌륭하도다. 하늘이 귀하게 여기는 것은 사람이요, 사람이 존중히 여기는 것은 도이다. 사람이 도를 크게 발전시키는 것이요, 도는 사람과 떨어져 있지 않다. 도가 만일 높아진다면 사람은 저절로 귀하게 되는데, 도를 도울 수 있는 것은 오직 덕을 높이는 것이니, 곧 도를 높이며 덕을 귀히 여기는 것이 오직 법의 첫머리이다. 그러면 비로소 사물의 흐름에 맞게 된다. 반드시 이름을 바로잡아야 큰 덕이라 이르는 것이니, 이것은 도가 강하며 이름이 크고 덕이 이루어지는 것으로 올라가는 것이다.

『예기』에 '지위와 명예와 수(壽)를 얻는다.'라고 하였으니, 곧 교화라는 말이 이것이 아니겠는가? 동왜(東倭)의 준계(峻堦)는 그 일부분의 의의를 취하였을 뿐이요, 근거 있는 것을 상고하여 본다면, 양(梁)의 동자학사(童子學士)가 지은 『형초세시기(荊楚歲時記)』에 이르기를, '옛적에 오(吳)의 임금 손권(孫權)이 병이 위독했을 때 도사 갈현(葛玄)이 와서 그를 보았는데, 손권의 집안사람이 들으니 공중에서 말소리가 나기를, '이미 대덕도사(大德道士)가 있으니 보고하여 올리라.'하였으므로, 마침내 대덕(大德)의 명목을 내세웠다.'라고 기록하였다. 뒤에 불경을 번역하며 게송(偈頌)을 엮어서 대덕과 사리불(舍利弗)의 무리로서 두드러진 사람들이 많았다.

또한 삼계대사(三界大師)가 나라의 임금과 대신에게 불법을 높일 것을 부탁한 것은 깊은 의미가 있는 것이로다. 그 까닭은 무엇인가. 풍속을 감화시키는 데에 필요한 것은 어진 이를 높임에 힘쓰는 것이다. 사나운 범을 길들이기란 용을 사랑하기보다 더 어렵다. 그러므로 나라를 다스리는 사람의 일은 불법을 전수하는 것보다 더 치열하며, 빛은 촛불을 든 것보다 더 밝도록 하려 한다. 마침내 깨끗한 이름을 높이며 빼어난 점을 드러낸다.

옛적에 우리 선덕여왕(善德女王)은 완연히 길상(吉祥)의 화신(化身)인 듯하시어 동방의 임금으로 계시면서 서방의 불교를 크게 사모하였다. 이때에 관광하다 온 비구(比丘)로는 지영(智穎)·승고(乘固)라는 이가 있었는데, 중국에 가서 배워 가지고 와서 우리나라를 빛내었다. 그리하여 그들의 높은 도를 총애하시어 뽑아 올려서 대덕(大德)을 삼았다. 이때부터 그 무리들이 늘어나서 오악(五岳)의 모든 수재들은 성공하려는 목표에 힘쓰고, 천하의 불교도들은 모두 바다에 들어갔다는 이름을 함께 하였다.

유가(瑜伽)·표하건나(驃詞健拏)·비나야(毗奈耶)·비바사(毗婆沙)가 있고, 또 채혼초금(彩混楚禽)과 호제주박(號齊周璞) 같은 이들도 있다. 이들은 암송으로 추천하기도 하고, 총지(總持)로 채용하기도 하며, 화려한 무리로 등용하고, 고생한 절조에 보답하였다. 이들은 모두 임금에 의하여 선발되었는데, 무거운 금패(金牌)를 들었으며, 임금의 그물에 걸려 들어온 것과 같아서 빛은 옥찰(玉刹)에 융합된다. 이들을 등용함은 부싯돌에서 불을 얻은 것과 같으며 그를 쓰는 것은 산에서 나무를 고르는 것과 같았다. 몸을 희생할 것을 바라고 끝까지 연령의 규정을 범하는 일이 없었다.

드디어 위원(衛瑗)이 잘못을 깨달았다는 해를 넘고 공자가 『주역』을 배웠다는 나이가 된 사람이어야 비로써 이 자리에 앉히기를 허락하며, 마침내 7년으로 기한을 정했다. 그 공부가 독실하고 민첩하며, 덕이 노성(老成)하게 된 사람은, 뛰어난 사람을 특별히 대우하고 기이한 변화를 권장한다는 뜻에서 칭호를 붙여주어 후배들에게 영광을 나타내었다. 그러므로 어려서 공부를 십분 성취하면 우담화(優曇華)가 한 번 나타난 것이라고 한다. 이것은 방광(方廣)과 상응(相應)의 두 가지의 종파(宗派)다. 고요히 있으면 순수한 산왕의 기세요, 움직이면 우람한 해회(海會)의 웅장함이라. 비유하면 하늘을 나는 봉이요, 땅으로 달아나는 기린이라. 절에서는 화신(化身)한 부처님을 반갑게 만난 것과 같으며, 학교 안은 엄하신 아버지를 경건히 받드는 것과 같다. 모든 사람이 이미 팔을 저어 좇아오면 매사를 모두 턱으로 지시한다. 그러나 언제나 자기의 몸을 깨끗이 가지며 남에게 교만은 부리지 않는다. 이것은 이른바, '높은 데 있어도 위태롭지 아니하며 위엄 있으면서도 사납지 않은 것'이 아니겠는가.

또한 공부한 것을 능히 강설할 수 있으면, 말하는 것을 반드시 스승으로 삼을 것이다. 절구 소리가 우레처럼 일어나며 화로 위에서 안개가 날리는 것을 보고, 삼존(三尊)을 우러러보는 여유를 가지고 대중을 본다면 시끄러운 소리가 나지 않는다. 굴에서 코끼리가 나타나 뚜벅뚜벅 코끼리의 걸음 떼어 놓으며, 좌석에 사자가 올라앉아 높이 사자의 소리를 외치면, 하늘 문에 구름이 가리고 바다 어구에는 물결이 소리친다. 이미 신령한 송곳이 날카로움을 겨루는 것에 견주어 실상 거울을 보고 피로를 잊는 것과 같다. 물으면 반드시 대답하여 의문 나는 것을 풀어 주지 않음이 없다. 거만하던 자가 항복하니, 어찌 웃느라 턱이 빠지는 정도일 뿐이겠는가? 그를 방해하던 자는 체신을 잃고 빌붙어 보려던 자는 돌아볼 줄을 알게 된다. 언제나 자신을 가짐으로 두려움이 없으며 재능을 숨기려 하여도 할 수가 없다. 누가 '나를 학대하면 원수다.'라고 하였던가? '어진 일을 하는 데는 스승에게도 양보하지 않는다.'라는 말과 합치되도다. 사람을 지도하는지라 풍속이 이로 인하여 깨우쳐지며, 나라를 보호하는지라 도가 이로 인하여 흥기되도다. 경(經)에 이르기를, '만 가지의 게(偈)가 있는 경을 받아서 지니는 것이 한마디의 뜻만 못하다.'라고 하였으니, 오히려 믿을 만한 말이로다. '뒤에 떠나서 먼저 왔다.'라는 것은 곧 이 산을 가리켜 말한 것이다.

왜냐하면 조사(祖師)인 순응대덕(順應大德)은 신림대사(神琳大師)에게 공부하였고 대력(大曆) 초년에 중국에 건너갔다. 마른 나무쪽에 의탁하여 몸을 잊고 고승이 거처하는 산을 찾아가서 도를 얻었다. 교리를 철저히 연구하고 선(禪)의 세계에 깊이 들어갔으며 나라로 돌아와서는 영광스럽게 나라의 선발을 받았다. 곧 탄식하여 말하기를,

"사람은 학문을 닦아야 되며 세상은 재물을 간직함이 중하다. 이미 천지의 정기를 지녔고, 또한 산천의 수려함을 얻었으나, 새도 나뭇가지를 가려서 앉는데, 나는 어찌 터를 닦지 아니하랴."

하고, 정원(貞元) 18년(802년) 10월 16일에 동지를 데리고 여기에 건물을 세웠다. 산신령도 묘덕(妙德)의 이름을 돕고 땅은 청량한 형세를 자리 잡아 주었다. 오계(五髻)를 나누어 꾸미서 다투어 일모(一毛)를 뽑았다. 이때에 성목왕태후(聖穆王太后)께서 우리나라에 어머니로 군림하시어 불교도들을 아들처럼 육성하셨다. 소문을 듣고 공경하며 기뻐하시어 날짜를 정하여 부처님께 귀의하시고, 좋은 음식을 내리시고 예물까지 곁들여 주셨다. 이것은 하늘에서 도움을 받은 것이지만 사실은 땅에 의하여 인연을 얻은 것이다. 그러나 생도들이 안개처럼 돌문으로 모여드는데 스님은 갑자기 세상을 떠나자, 이정선백(利貞禪伯)이 뒤를 이어 공적을 세웠다.

『중용(中庸)』의 도리를 행하여 절을 잘 다스렸고, 『주역』에서 대장(大壯, 주역의 한 괘)의 방침을 취하여 건축을 새롭게 하였다. 구름처럼 우뚝하며 안개처럼 깔려서 날마다 새로워지고 달마다 달라졌다. 이로부터 가야산의 좋은 경치는 도를 성취하는 터전에 알맞게 되었으며, 해인(海印)의 귀한 보물은 지대한 가치를 갖게 하였다. 우거졌던 수목을 모두 베어내었으며, 이것은 진주의 언덕이 마르지 않음과 같다. 터를 닦은 것은 겨

우 백 년밖에 안 되지만 몸을 나타낸 데는 사단칠정(四端七情)의 덕이 가득하다. 시를 읊기 위해 함께 오른 자가 다섯이요, 공연을 위하여 자리를 벌인 사람이 셋이다. 모두 말과 실천이 일치하며, 이름과 실제가 서로 부합되는 사람이다. 『서경』에 이르기를, '작은 일에 공경하지 않으면 마침내 큰 덕을 해친다.'고 하였다. 이는 서로 교화를 철저히 하려고 노력하는 것이니, 어찌 한계를 넘어서려 하겠는가. 높은 산은 작은 먼지라도 다 받아들여 그렇게 높이 설 수 있는 것이고, 개천은 작은 물줄기도 마다하지 않아 마침내 바다에 이르는 것이다. 염려되는 것은 물결이 솟구쳐 함께 가려 하다가는 스스로 물에 빠지는 것이다. 생활을 유지하는 것은 아무리 땅에서 나오는 물자에 의존하지만 마음을 수련하는 것은 다만 덕을 높여야 된다. 이미 불법에 뜻을 두었으니, 어찌 조종(鳥蹤)을 빛나게 하지 아니하리오. 드디어 화려한 장식을 베풀 것을 작정하고 푸른 산이 빛을 더하게 하였다. 행여 들어와서 공부하는 사람은 장소를 사용함에 법을 따르며, 벽을 향하여 앉은 사람은 참선을 안심하고 하게 되었다. 만일 민첩하게 하면 곧 효과가 있는 것이니, 죽어도 없어지지 않게 된다. 역사의 기록이 여기에 있으니, 뒤를 따르는 사람이 어찌 힘쓰지 않을 수 있겠는가.

당(唐) 광화(光化) 3년(900년) 천일태재(天一泰齋) 12월 그믐날 기(記)를 쓰다.

신라 수창군 호국성 팔각등루에 쓴 글

　천우(天祐) 5년(908년, 효공왕 12년) 무진년 겨울 10월에 호국의영도장(護國義營都將) 중알찬(重閼粲) 이재(異才)가 남령(南嶺)에 팔각등루(八角燈樓)를 세웠다. 그 목적은 국가의 경사를 기원하고 병란(兵亂)의 흔단(釁端)을 없애기 위함이었다. 속담에 이르기를 '사람의 소원이 착하면 하늘이 반드시 들어준다.'라고 하였다. 그러고 보면 그 소원이 참으로 착한 이상에는 그 일이 어긋나지 않을 것임을 알 수 있겠다.

　살펴보건대 현재와 과거는 서로 분리될 수 없고, 유(有)와 무(無)는 상호 대칭적 관계에 있다. 지명이 나열된 것을 보면 거기에는 모두 하늘의 뜻이 깃들어 있는 듯하다. 이 성보(城堡)의 서쪽에는 불좌(佛佐)라는 이름의 방죽이 있고, 동남쪽 모퉁이에는 불체(佛體)라는 이름의 연못이 있으며, 그 동쪽에는 또 천왕(天王)이라는 이름의 다른 연못이 있다. 서남쪽에 고성(古城)이 있는데 그 칭호는 달불(達佛)이요, 그 성의 남쪽에 산이 있는데 그 명호가 또한 불산(佛山)이다. 이름이 그냥 지어진 것이 아니고 이치상 반드시 그럴 만한 이유가 있을 것이니, 승지(勝地)에 부여된 이 이름이 좋은 때가 오면 반드시 응할 것이다.

　위에서 말한 중알찬은 걸출한 대부(大夫)이다. 뜻을 분발할 기회가 오자 일찍이 풍운(風雲) 속에서 뛰어난 재질을 발휘하였고, 몸을 닦는 방향으로 품행을 바꿔 수토(水土)에 은혜 갚기를 소원하였다. 표범처럼 변신하여 삼해(三害)를 모조리 제거했는가 하면, 뱀처럼 도사리고서 구사(九思)를 더욱 신중히 하였다. 일단 악인들을 숙청할 수 있게 되자 이에 기필코 향리로 복귀하려 하였다. 거하는 곳마다 감화될 터이니, 어디에 간들 좋지 않겠는가? 마침내 높다란 구릉을 택하여 보루(堡壘)를 쌓았다. 흐름을 굽어보며 우뚝 서 있는 모습이 깎아지른 절벽과 같았고, 험한 언덕을 등지고 가지런히 이어진 모습이 기다란 구름과 같았다.

「신라수창군호국성팔각등루기」,(『동문선』 64)

이렇게 해서 서쪽 기전(畿甸)을 조용히 지키는 한편으로, 남쪽 밭두둑에서 짝을 지어 농사를 지었다. 그 지역의 토착민들을 어루만져 보살핌은 물론이요, 빈객과 붕우들을 성의껏 접대하였다. 찾아오는 사람들이 구름처럼 많아도, 그들을 받아들이는 마음은 바다와 같았다. 귀찮게 부탁하는 일이 있어도 거절하지 않고 자기 일처럼 힘써 주었다.

게다가 뜻이 삼귀(三歸)에 절실하였고 몸은 육도(六度)를 행하였다. 돈오(頓悟)를 하면 아침에는 범부(凡夫)였다가 저녁에는 성인(聖人)이 될 것이요, 점수(漸修)를 하면 작은 것이 가고 큰 것이 올 것[小往大來]인데,

이는 모두 자기를 꾸짖기를 원수처럼 하고 승려를 공경하기를 부처처럼 하는 데에서 말미암는 것이다. 항상 불법(佛法)과 관련된 일을 경영하였을 뿐 다른 인연에 이끌리는 일은 있지 않았으니, 실로 불 속에서 연화(蓮花)가 피는 것과 같다 할 것이요, 서리 속의 계수(桂樹)처럼 홀로 절조를 보인 것과 같다 할 것이다.

더구나 그의 부인은 본디 나무랄 데 없는 주부로서, 사덕(四德)이 넉넉하였으며 한마디도 실수가 없었다. 바람결에 옥게(玉偈)를 들으면 반드시 마음으로 귀의하곤 하였으며, 날마다 금경(金經)을 외우면서 손에서 놓은 적이 없었으니, 이는 곧 자비를 베푸는 것으로 화장품을 대신한 것이요, 지혜를 밝히는 것으로 경대(鏡臺)를 삼은 것이었다. 아름다운 명성이 크게 드러남에 따라 온갖 복이 널리 모여들었으니, 옛날의 이른바 '이런 아내가 없었으면 어떻게 이런 남편이 있었겠는가.[不有此婦 焉有此夫]'라는 말에 해당된다고 할 것이다.

알찬(閼粲)은 참으로 재가(在家)의 대사(大士)요, 울연히 본국의 충신이었다. 반야(般若 지혜)로 간과(干戈)를 삼고, 보리(菩提, 깨달음)로 갑주(甲冑)를 삼아 한 경내를 제대로 안정시켰는데 그 일이 겨우 10년밖에 걸리지 않았다.

기개가 드높은 자는 지망(志望)이 유달리 고상하고, 마음이 올바른 자는 신교(神交)가 반드시 정대하게 마련인데, 용년(龍年) 양월(羊月) 경신일(庚申日) 밤에 알찬이 꿈을 꾸니 그 내용은 다음과 같았다. 달불성(達佛城) 북쪽 마정계사(摩頂溪寺)에서 보건대, 연화좌(蓮花座)에 안치된 하나의 큰 불상이 하늘 끝까지 높이 잇닿아 있고 좌측에 있는 보처보살(補處菩薩)의 높이도 역시 그러하였다. 남쪽으로 가다가 시냇가에서 한 여자를 보고는 불상이 그렇게 된 이유를 물어보았더니 그 우바이(優婆夷, 여자 불

교 신도)가 대답하기를

"이곳은 거룩한 땅이라서 그렇습니다."

라고 하였다. 또 보건대 성 남쪽 불산(佛山) 위에 일곱 개의 미륵(彌勒) 불상이 몸을 포개고 어깨를 밟힌 채 북쪽으로 얼굴을 향하고 서서 공중에 높이 걸려 있었다. 또 며칠 밤이 지나서 다시 꿈을 꾸었는데, 그 내용은 이러하였다. 성 동쪽 장산(獐山)에서 취의(毳衣)를 입고 있는 나한승(羅漢僧)을 보니, 검은 구름을 좌석으로 삼고 무릎을 안은 채 그 산의 어귀가 되는 지점 쪽으로 얼굴을 향하고 말하기를,

"이처도(伊處道)가 이 지점을 통과하여 군사를 거느리고 올 때가 되었습니다."

라고 하였다.

알찬은 꿈에서 깨어나자 이런 생각을 하였다. '하늘이 재앙을 내린 것을 아직도 후회하지 않고 있고, 대지도 여전히 간악한 자들을 용납하고 있다. 시대가 위태로우면 생명들 모두가 위태롭고, 세상이 어지러우면 물정(物情)도 어지럽게 마련이다. 그런데 나는 우연히 먼저 깨달은 사람처럼 되었으니, 신중히 뒷날을 위해 도모하는 일에 힘써야 하겠다. 지금 꿈속에서 이상한 징조를 보았고 눈으로 기이한 현상을 접하였다. 지금 산과 바다를 비익(裨益)할 것을 바란다면, 어찌 한 줌의 흙이나 한 방울의 물이라도 보태는 것을 부끄러워하겠는가. 결단코 임금의 은혜에 보답하는 것은 아마도 불사(佛事)를 융성하게 하는 일이 될 수도 있을 것이다. 바라는 바는 어두운 곳이 생기지 않게 하고 길 잃은 중생들을 널리 깨우치는 것이다. 이를 위해서는 오직 법등(法燈)을 높이 매달아 병화(兵火)를 속히 해소해야 하겠다.'

그러고는 승경(勝景)에 터를 잡고 멋진 누대를 높이 세운 뒤에 은 등잔

의 불을 밝혀 철옹성을 진압함으로써, 촉룡(燭龍)이 입을 열어 영원히 어둠을 쫓아내고 수상(燧象)으로 하여금 몸을 태우는 일이 없게끔 하였다. 그해 초겨울에 등루를 세우고 나서 11월 4일에 이르러 공산(公山) 동사(桐寺)의 홍순대덕(弘順大德)을 초청하여 좌주(座主)로 삼고 재(齋)를 베풀어 경찬(慶讚)하였다. 이때 태연대덕(泰然大德)과 영달선대덕(靈達禪大德)과 경적선대덕(景寂禪大德)과 지념대덕(持念大德)과 연선대덕(緣善大德)과 흥륜사(興輪寺)의 융선주사(融善呪師)와 같은 고승들이 모두 참여하여 법회를 장엄하게 하였다.

묘하도다, 이 공덕이여. 팔각등(八角燈)에서 발하는 아홉 가지 광채와 밤새도록 사방을 밝히는 불빛이 어두운 곳이면 어디든 비추지 않는 곳이 없이 감응을 하면 반드시 통하게 하였으니, 아나율(阿那律)이 등불 심지를 바로잡은[正炷] 인연과 유마힐(維摩詰)이 등불을 전한[傳燈] 설법이 완연히 두 가지의 아름다움을 이루어 뛰어난 의표(儀表)를 널리 보인 것은 알찬을 두고 한 말이요, 정광여래(錠光如來)와 도리천녀(忉利天女)가 전공(前功)을 버리지 않아 후세에 뛰어날 수 있었던 것은 훌륭한 그의 부인을 두고 한 말이라고 할 것이다.

내가 멀리서 졸문을 써 달라는 요청을 받았는데, 그 취지는 큰 서원을 서술해 주었으면 하는 것이었다. 그래서 마침내 감히 그 일을 곧바로 기록하여 후세 사람들을 경계하게 되었다. 집안일을 잊고서 도에 헌신한 그 공은 길이 전해질 것이요, 호국(護國)이라고 이름 붙인 성(城)의 명칭 역시 기만하는 일이 없을 것이다. 그 덕이 이미 자랑할 만한 것인 만큼, 나의 글도 부끄러울 것이 없다고 하겠다.

4부

8장

시인을 따라서

9장

자취를 찾아서

8장
시인을 따라서

▨ 눈물을 삼키는 포구의 이별
| 진사 양섬의 송별시에 답하다

    포구를 떠올리면 떠나는 이와 보내는 이가 서로 손을 잡고 이별을 아쉬워하는 장면이 연상된다. 나중에 만날 기약이 있어도 이별의 상황은 언제나 슬픈 감상에 빠져들게 한다. 우리 문학사에서 송별시의 백미로 꼽히는 것은 역시 고려시대 정지상의 「송인」이 아닐까 싶다. "대동강 물은 언제 다 마를까, 이별 눈물 해마다 푸른 물결에 더하니"라는 표현에서 포구의 이별 눈물과 그가 떠나가야 하는 물길이 시리게 느껴진다. 이렇게 포구는 언제나 이별의 정한이 가득한 곳이다.
    떠나는 이는 진사양섬이다. 이 시에 앞서 수재 양섬에게 준 이별시가 있었다. 아마 그때는 양섬이 진사에 합격하지 못하고 고향으로 돌아가는 상황이어서 이별의 슬픔 따위는 생각할 처지가 아니었을 것이다. 그때는 금의환향하지 못하는 양섬의 위축된 심정을 위로하며 부디 씩씩한 기상

을 잊지 말라며 등을 토닥거려주었다. 또 한 친구인 수재 오만(吳巒)을 송별하는 시가 있는데, 역시 낙방하고 돌아가는 친구를 위로하는 시다. 부끄럽게 생각하지 말라는 당부와 함께 포기하고 싶은 마음이 끝이 없을 것을 잘 알지만 부디 탄식하지 말 것을 당부하고 있다. 자신도 마찬가지의 처지에서 시험을 보고 합격했지만 아직 진사가 되지 못한 동학들의 마음을 헤아리는 따스함이 느껴진다. 진사는 당 조정이 주관하는 최종 과거인 진사과에 합격한 인물에 대한 호칭이다. 최치원은 먼저 진사가 되어 율수현위가 되었다. 늦게 진사에 합격한 친구가 찾아와 기쁨을 나누고 이제 헤어져야 하는 순간이다.

1~2구는 친구가 떠나갈 포구에서 바라보이는 풍경을 그리고 있다. 해산(海山)은 우뚝 솟은 바다 속의 산을 말한다. 깊은 해저로부터 1천 미터 이상의 높이로 고립되어 있는 봉우리를 해산이라 하고, 1천 미터 이하는 해구(海丘)라고 한다. 해산에 잇닿아 있는 것은 망망한 바다다. 포구에서 멀리 바라보니 새벽안개가 짙게 피어오르고, 친구를 싣고 떠나갈 배는 큰 돛을 펼치고 바람을 받아 펄럭인다. 이른 새벽 친구를 멀리 떠나보내는 포구의 풍경이다. 돛에 실려 부풀어 있는 바람은 친구의 승선을 재촉하는 것 같다. 이별이 바로 코앞에 닥쳐 있다.

3~4구는 이별의 슬픔을 달래는 말이다. 그러나 이 말에는 떠나보내는 사람의 슬픔이 더 깊이 느껴진다. '슬퍼도 울지 말아요, 눈물을 흘리는 일은 여자들이나 하는 일이잖아요, 우린 장부로서 그 슬픔을 삼키며 헤어집시다.' 이런 위로를 건네고 있다. 그러나 솟아오르는 눈물은 어쩔 수 없다. 친구는 어깨를 들썩이며 이별을 슬퍼한다. 여자처럼 울지 말라고 달래는 나의 가슴에도 뜨거운 눈물이 솟구칠 수밖에 없지 않았을까. '초창(怊悵)'은 '슬퍼하는 모양'을 말한다. 그러니까 애써 눈물을 삼키려고 어깨

를 들썩이는 모양을 표현한 것이다.

　이 시를 읽으면 마음이 참 따뜻해진다. 출세가도에 온 힘을 다하던 그의 재당 시기는 인백기천의 자기연마로 인한 고단한 삶이었다. 그러나 이렇게 지음(知音)들과 나눈 뜨거운 우정이 있었다는 것, 문인들과 교류하면서 뜨거운 눈물을 흘렸다는 사실이 그를 더욱 빛나게 해준다. 책상에 앉아 앞만 바라보고 벼슬과 녹봉에 만족했다면 오늘날의 최치원은 없을지 모른다. 그는 낙양의 많은 문사들과 교류하며 시로써 사교의 폭을 넓혔고, 결국 그 사교의 한 자락인 고운(顧雲)이 그를 출세의 가도로 안내했으니 말이다. '여자처럼 울지 마라. 길 떠나는 사람이 훌쩍거리는 것 아니야.'라는 시구에는 진정어린 따뜻한 위로가 느껴진다. 타국에서 서로를 알아주는 지음(知音)을 만나는 것은 이렇게 깊은 진정이 없이는 얻어지기 어려웠을 것이다. (노성미)

국화 핀 울타리에 찬 그림자 걸리고
| 시어사 고운이 중양절 국화를 읊은 것에 화답하다

봄의 매화, 여름의 난초, 가을 국화, 겨울 대나무를 사군자라 부른다. 이들은 시나 그림 속에 자주 초대되어 사람들에게 다채로운 이야기를 전해준다. 국화는 늦은 가을 첫 추위를 이겨내며 피어나기 때문에 굽힘 없는 군자의 절개를 닮았다. 그 중에서도 중양절의 국화는 술자리의 풍류까지 더하여 오랜 세월 시인 묵객의 사랑을 받은 꽃이다.

중양절은 중국 한나라 때부터 있었으니 민속의 역사가 오래되었고, 당송 시기에는 추석보다 더 큰 명절로 여겼다고 한다. 큰 양수인 9가 겹친 날이어서 중구(重九)라고 부르기도 한다. 도연명이 "가을 국화가 뜰에 가득해도 술을 마련할 수 없어 중양절의 국화를 헛되이 바라보다 가슴의 회포를 시에 부친다."라고 한 구절은 유명하다. 고려시대 목은 이색도 중양절에 "우연히 울 밑의 국화를 대하니 낯이 붉어지네. 진짜 국화가 가짜 연명을 쏘아보는구나."라고 읊었다. 국화를 바라보며 자신이 도연명과 같은 진정한 은자가 아님을 부끄러워 한다는 내용이다. 이렇게 중양절의 국화는 시와 친구가 어울리는 술자리의 풍류 그 자체이면서 군자의 절개라는 은유적 언어로 사용되었다.

이 시는 최치원과 고운(顧雲)이 당성에서 함께 근무할 때 지은 시다. 「늦은 봄날에 시를 지어 사신으로 간 벗 고운에게 화답하다」에서도 이 시기의 시문을 주고받던 그들의 사귐이 잘 나타난다. 시어사 고운은 시문에 정통하였고 수많은 저술을 남긴 당나라 문인이다. 874년에 최치원과 함께 과거에 급제한 동년배이고 고변에게 최치원을 추천하여 출세의 길을 열어준 인물이기도 하다. 『삼국사기』에는 최치원이 신라로 돌아올 때 고운이 송별시를 지어 전송했다고 했다. 이렇게 두 사람은 각별한 사귐을 보여주었고 누구보다 소중한 벗이었다. 그런 벗과 중양절을 같이 보내며 술을 마시고 시를 화답하는 당시의 풍류가 얼마나 만족스러웠을지 짐작이 간다.

뜰에는 자색 국화가 풍성하게 피었다. '葩(파)'는 화려하다는 뜻도 있지만 꽃으로도 해석한다. '홍파(紅葩)'는 붉은 꽃, '상파(霜葩)'는 서리 맞은 꽃이라는 뜻으로 국화를 이른다. 그러니 '자악홍파'는 자색으로 핀 국화를 말한다. '萬般(만반)'의 반이 돌다, 선회하다는 뜻으로 해석되니까 꽃받침 위에 빙 둘러 풍성하게 달려있는 국화꽃의 모양을 말한다. 그 모습은 난초처럼 귀티가 나는 것도 아니요, 처음 필 때의 싱싱하고 어여쁜 모습도 아니다. 그저 평범하고 소박한 국화를 있는 그대로 품평하고 있다. 그러나 다른 꽃들이 다 져버린 중양절에 국화 홀로 피어 꽃등을 밝혀주니 그 절개를 어찌 기쁜 마음으로 칭송하지 않겠는가.

술자리의 담화와 시가 오고가는 그 따뜻한 여운이 아직 남아있건만 날은 벌써 기울어 늦가을 차가운 해 그림자가 국화 핀 울타리에 드리운다. '霜欄(상란)'의 '상'은 서리의 뜻도 있지만 여기서는 국화의 별칭인 '霜下傑(상하걸)'을 가리킨다. 엉덩이 밑의 자리에는 아직 온기가 남았는데 헤어질 시간이 다가오니 마음이 심란하다. 그러니 시인의 눈에 들어온 차가운 꽃밭은 더욱 시리게만 느껴진다. 곧 벗과 헤어져야 하고 꽃들의 잔치도 끝날 것이다. 잡을 수 없는 시간에 떠밀려 시들어 떨어져야 하는 국화, 이 순간이 영원하기를 바라지만 곧 이별해야 하는 자신의 처지가 겹쳐있다. 세월의 흐름과 정든 사람과의 이별을 아쉬워하는 마음이 국화 핀 울타리에 걸린 차가운 저녁 으스름에 닿는다. (노성미)

그대, 신선이 되어 봉래산을 꿈꾸네
| 조어정

　누군가에게 자기의 재주를 팔려고 하면 어떻게 해야 할까? 어떤 사람은 겸손으로 무장하고 또 어떤 사람은 잘남을 뽐내며 과장되게 자신의 재주를 장식할 것이다. 「조어정」은 『시를 바치며 지은 글』에 달린 30편 시 중의 하나다. 고변의 행적에 대한 직접적인 찬양시가 아닌 상대의 시를 소재로 하여 지은 일종의 리라이팅시라 할 수 있다. 시를 읽으면 자신의 재주를 자랑하지 않은 겸손 속에 상대를 무너뜨리는 야심이 숨겨져 있다는 느낌이 든다.
　시제인 조어정은 중국 산시성 바오지에 위치한 풍치지구에 있는 명소다. 강태공이 늙도록 자신의 능력을 알아볼 임금을 기다리며 세월을 낚던 고사가 있다. 시제에는 큰 뜻을 품고 때가 오기를 기다리던 강태공과, 고변에게 발탁되어 포부를 펼치고자 하는 자신의 처지가 겹쳐 있다. 시의 각주에는 고변의 조어정 시를 적었다. "술은 동이에 가득하고 꽃은 가지에 가득한데, 두 미녀가 나란히 자고사를 부르네.", "물이 급하니 고기 낚기 어렵고, 바람이 부니 버들이 쉬이 휘어지네."라는 내용이다. 조어정의 풍경은 술동이 가득 술이 넘치고 가지마다 꽃이 풍성하다. 이에 더하여 아름다운 기녀들이 교방의 노래인 자고사를 부르니, 풍류객은 낚시할 생각은 던져두고 술자리를 즐긴다. 바람이 불어 버들가시가 춤추며 바닥을 쓸 듯 낮게 드리우는 풍경을 더하고 있다.
　최치원은 고변의 시를 가지고 와서 자신의 재능을 증명하려고 했으니 대담한 도전이라 하지 않을 수 없다. 1~2구는 원시의 풍경을 재현하고 있으면서도 두 시의 거리는 제법 멀다. 버들을 휘어지게 했던 바람은 기녀들의 늘어진 소매를 흔들고 있다. 자고사를 부르는 기녀들의 소리와 춤이 하나가 되어 조어정에 휘날릴 듯하다. 조용히 앉은 술동이는 앵무배로 바뀌었다. 앵무배는 앵무조개로 만든 술잔인데 그 화려함 때문에 많은 주객들이 애호했던 잔이다. 그 앵무배에 '날다(飛)'를 붙임으로써 정서적으로 고조된 술자리의 역동적인 분위기가 더해진다. 여기저기서 건배를 외치며 술잔을 높이 들고 있는데 그 모습이 마치 앵무새의 화려한 날갯짓 같다. 아주 작은 시적 이미지의 변화로 연회의 풍경을 더욱 화려하고 생기 넘치고 현장감 있게 재현했다는 사실이 놀랍습니다. 이쯤이면 고변도 그의 재능에 항복하지 않을 수 없었을 것이다.

고변의 시를 '선가(仙家)의 시'로 극찬한 3~4구는 시와 술의 흥취에 젖은 당시의 마음을 그려냈다. '선가'는 선도를 닦는 사람, 즉 도가(道家)를 말한다. 이는 다음 행의 '봉호'와 연결된다. 봉호는 봉래와 같은 말로 삼신산(三神山)의 하나다. 삼신산은 동쪽 바다에 있으며 신선이 살고 불로초가 있는 곳으로 전해지는 상상의 장소이다. '인월'은 태평세월을 뜻한다. 조어정에서 놀던 고변의 마음이 이미 신선세계에 닿았다는 뜻이다. 고변은 실제 선도를 닦고 말년에 도교에 깊이 심취했던 사람이다. 이와 관련해서 생각해보면 그 순간 마음은 이미 봉래산에서 놀고 있었을 듯하다.

고변에게 이 시를 바치는 심정은 '나의 재주를 알아주세요.'일 것이다. 시와 함께 올린 편지에서는 자신이 신라에서 온 이방인이며 재주도 하품에 속한다고 고개 숙였다. 그러면서 덕행은 공자의 최고 제자인 안회와 염경을 사모해 왔다고 했다. 뛰어난 문장을 보이면서 보이지 않는 덕행이 더 뛰어나다고 했으니 덕행과 문장을 한꺼번에 자랑한 셈이다. 자기를 발탁해줄 사람의 시를 함부로 해체해버린 대담한 고쳐 쓰기는 역설적이게도 그의 겸손 뒤에 숨겨진 문장에 대한 대단한 자부심을 드러내고 있다. 상대를 완전히 제압하는 도전적인 글쓰기라 하지 않을 수 없다. (노성미)

세상의 소리를 끊어내는 물소리
| 가야산 독서당

가야산 소리길을 걷다 보면 홍류동문(紅流洞門)이 세속과 신성을 가르듯 길을 막아서고, 숲속에 단정하게 앉은 농산정이 발길을 끌어당긴다. 농산정 주변은 「가야산독서당」 시와 관련된 수많은 표지들이 빼곡하다. 물론 먼 눈길로 보는 계곡은 청정하고 아름다운 대자연이다. 그러나 가까이 가서 가만히 들여다보면 돌마다 이름이 있고 물 안에도 시가 잠겨있다. 그리고 정자 앞의 환선대에는 자기 이름을 드러내려는 각자들이 온갖 무늬를 만들어내고 있다.

낙화담, 절승대를 지나온 골짜기는 농산정 근처에서 더욱 넓어지고 물길은 큰 바위들과 부딪히며 우렁찬 울림을 만들어낸다. 그 옛날 어지러운 세상을 등지고 이곳으로 들어온 은자는 독서당에 앉아 세상 밖을 생각한다. 한 나라는 스러지고 다른 한 나라는 새로 일어서는데, 곳곳에 백성들의 저항의 목소리는 들불처럼 번지고 있다. 세상을 바꾸어보려는 꿈을 꾸었지만 세상은 그를 외면했다. 더 이상 희망을 꿈꿀 수 없기에 '계림황엽 곡령청송(鷄林黃葉 鵠嶺靑松)'이라는 말을 세상에 던지고 이곳에 틀어 앉아 있다. 그래도 마음은 아직 세상 걱정을 끊어버리지 못한다.

겹겹의 바위를 부딪치며 울리는 물소리는 지척에 있는 사람 소리도 듣지 못하게 우당탕탕 기세가 대단하다. 눈을 들어 보니 보이는 것은 골짜기를 두른 뾰족한 산봉우리뿐. 이 물은 흘러 세상 밖으로 나가겠지만 세상의 물은 다시 거슬러 산으로 들어오지 않을 것이다. 그는 계곡으로 내려가 커다란 바위 앞에 서서 몸체만 한 크기의 '홍류동(紅流洞)' 세 글자를 전서체로 멋들어지게 쓴다. 각승(刻僧)의 망치 소리도 물소리가 삼켜버린다. 바위에 글자를 새기는 동안 그는 너럭바위에 옮겨 앉아 「가야산독서당」 시를 써 내려간다. 반듯하게 줄을 맞추어 책판 모양의 테두리를 긋고 시를 새기니 비로소 자신이 독서당의 온전한 주인임을 느낀다. 그는 바위 사이를 뛰어다니며 계곡 초입의 돌다리에 무릉교라는 이름을 준다. 붓을 씻은 바위는 체필암, 신선이 앉아 피리를 불며 학을 부를 것 같은 우뚝한 바위는 취적봉이라 불러본다. 그렇게 풍월주인이 되고 독서당에서 오로지 글 쓰는 일로 세월을 보내다 보니 번뇌도 사라진다.

독서당 주인은 천년 세월을 따라 흘러가고 이곳에 없다. 은자의 자리에 정자를 지은 후인들은 마지막 결구의 '고교류수진농산(故敎流水盡籠山)'에 방점을 찍고 농산정이란 이름을 얻는다. '농산'의 '농(籠)'은 대그릇, 새장, 탈것의 의미도 있지만 여기서는 '속에 싸임'의 뜻으로 해석된다. 당 시인 서응이 '산두수색박농연(山頭水色薄籠煙), 산마루의 물빛은 안개에 엷게 에워싸이고'라고 한 것과 같다. 세상의 어지러운 시시비비가 내 귀를 더럽히지 않기를 바라며 물소리로 산을 에워싸게 한 은자의 마음이 농산정 이름 안에 그대로 들어있다.

홍류동에는 나미아미타불, 관세음보살, 지장보살, 옴마니반메훔 등의 범서와 절승대, 옥류동천, 자하동, 첩석대, 음풍뢰, 완재암, 광풍뢰, 제월담, 낙화담 등의 제명이 바위마다 새겨져 있다. 홍류동 전체가 석각 전시장이며 화엄의 세계인 것이다. 은자의 발길을 좇았던 유학의 선비들과 불도에 든 스님들이 추구했던 세계가 이 홍류동에 어울려 하나의 커다란 발원문이 되어 있다. 그 중심에 「가야산독서당」 시가 있다. 지금 홍류동을 걷는 사람들의 마음에 독서당 주인은 없겠지만 그들 또한 세상의 소리를 뒤로 하고 자기 마음의 소리를 찾아 걷고 있을 것이다. (노성미)

달과 별이 공중에서 빙글빙글
| 금방울 놀이

　신라 사람들은 어떤 놀이를 하며 즐겼을까 궁금하다. 노래하고 춤추고 마시는 유흥은 인류의 문화사와 함께 해왔기에 신라시대에도 그 시대의 정서를 표현하고 즐기는 음악과 춤과 놀이가 당연히 있었다. 고구려 고분 벽화의 춤추는 여인과 악기 그림에서 낯설지 않은 친근함을 느끼는 것은 이 시대의 유흥이 오늘의 우리에게 유전처럼 전해지고 있기 때문이 아닐까 생각한다.

　『삼국사기』 권 32, 「잡지」의 '음악' 기록에 의하면, 신라의 악기는 관악기로 대함(大箜), 중함, 소함이 있었고, 현악기로는 현금, 가야금, 비파가 있었다. 또 박판(拍板)과 큰북이 있었다. 춤추는 사람은 머리쓰개를 쓰며 큰 소매가 달린 자주색 난삼을 입고, 붉은 가죽에 도금한 금태를 두른 허리띠를 띠고 검정 가죽 장화를 신었다. 그들의 악기와 춤추는 사람의 차림새를 더듬어 보면 신라의 유흥을 상상할 수 있다. 이 신라 음악을 기록한 맨 마지막에 최치원이 향악에 대해 읊은 다섯 수의 시를 소개하고 있다. 이를 「향악잡영(鄕樂雜詠)」 5수라 한다. '금방울놀이', '다리꼭지춤', '탈춤', '꼭두각시춤', '사자춤'이 그것이다. 이들을 통해 당시 민간에서 행하던 놀이의 실상을 그려볼 수 있다.

　금방울놀이는 여러 개의 공을 공중에 던져두고 하나씩 번갈아 가면서 돌리는 기예다. 두 손에 구슬을 가지고 서로 보내고 공중에서 이를 잡는데, 하나는 항상 손에 있고 나머지는 다 공중에 있다. 신라의 달밤. 사방은 캄캄한데 사람들이 둘러 모인 자리의 한 가운데에 횃불이 타오르고, 그 가운데로 한 남자가 난삼 자락을 휘날리며 뛰어 든다. 손에는 금방울을 들었다. 악공인 척(尺)이 피리를 불고 큰북을 둥둥 치자 몸을 휙휙 돌리면서 손에 든 금방울을 공중으로 던져 올린다. 금방울이 횃불에 반사되며 빛난다. 재주가 얼마나 기가 막히던지 구경꾼의 눈에 담긴 방울은 달과 별이 떠도는 듯 어지럽고 황홀하다.

재주꾼이 얼마나 뛰어난 기술을 부리던지 의료의 재주보다 더 뛰어나다고 하였다. 의료는 방울받기 명인이었다. 그는 중국 초나라 때의 군사였는데 공을 가지고 묘기를 잘 부렸다. 공 아홉 개를 공중에 던져 놀이를 하는데, 공을 번갈아 돌리면서도 땅에 떨어뜨리는 일이 없었고 항상 여덟 개는 공중에 있고 한 개는 손 안에 있었다. 초나라가 송나라와 전쟁을 할 때 의료가 공을 가지고 재주를 부리자, 송나라 군대가 공놀이에 정신이 팔려 모두 싸움을 멈추고 구경하였다고 한다. 결국 초나라가 이를 틈타 송나라를 쳐서 이겼다고 한다. 전쟁터에서 가슴을 열고 칼의 위협을 무릅쓰면서 적군 앞에서 방울받기 재주를 보였던 사람이 의료이다. 자신의 재주가 적의 칼날도 멈추게 하리라는 자신감이 없었다면 결행될 수 없었을 간담이 서늘한 사건이다.

금방울이 번쩍이며 밤하늘에 빙빙 돌고 구경꾼의 눈에는 달과 별이 눈에 들어와 빙글빙글 도는 듯 황홀한 시간이다. 온 정신이 팔려 있는 사이 피리 소리가 울린다. 피리는 낮에는 갈라져서 둘로 되고 밤에는 합하여 하나가 되었다는 만파식적. 그 영기를 받아서인지 신기하게도 뭇 사람들의 마음의 파도를 잠재운다. 고래같이 큰 바다에 밀려오는 무서운 파도라도 지금 이 순간, 음악과 놀이의 절묘한 조화 속에서 평온만이 가득하리라 분명히 믿게 된다. (노성미)

광대놀음 우스워라
| 다리꼭지춤

　1990년대 후반에 공옥진의 '병신춤'이 크게 흥행한 적이 있다. 그는 우리나라 신무용의 창시자인 최승희와 판소리 명창인 아버지 공대일의 영향을 받아 성장했으며, 1인 창무극이라는 자신만의 독보적인 공연 장르를 개척한 인물이다. 판소리 명창이자 민속무용가인 그가 캄캄한 무대 위에서 하나의 스포트라이트를 받으면서 소복을 입고 병신춤을 추는 장면은 많은 사람들에게 충격과 함께 큰 울림을 주었다. 그의 춤은 전통 연예인의 영역을 훌쩍 뛰어넘어 독보적인 예술적 세계를 만들어 냈다. 「다리꼭지춤」을 읽으면서 공옥진의 병신춤 한 장면이 뚜렷하게 떠오르는 것은 무엇 때문인가?

　1행은 무대에 등장하는 광대의 인상적인 모습을 포착한 것이다. 어릿광대 하나가 무대로 뛰어 들어온다. 그는 솟은 어깨에 목을 움츠리고 머리털은 높이 틀어 매어 우스꽝스런 모습을 하고 있다. 어깨를 과장되게 솟구쳐 올리고 목을 움츠린 모습이 공옥진의 병신춤에서 본 한 장면과 꼭 닮았다. 모자란 듯 기괴한 시늉만으로도 웃음을 터지게 만든다. 그러니 광대의 등장 자체로도 좌중의 긴장이 이완되고 마음의 빗장이 열릴 것 같다.

　2행에서 해학적인 춤에 곁들여 노래하는 광대와 그것을 듣고 일시에 폭소를 터뜨리는 관중의 모습이 연결된다. 노래의 가사는 만담이나 시대 풍자가 아니었을까 상상해 본다. 한 귀퉁이에 한량들이 팔을 걷어붙이고 술잔을 다투며 유흥을 즐기고 있다. 이들에게 어울릴 골계라면 19금 수준의 성을 희화화한 내용이었을 수도 있겠다. 그러니 술꾼들이 노랫소리를 듣고 일시에 폭소를 터뜨린 것이리라. 기괴하고 우스꽝스런 동작으로 춤을 추는 광대와 무장 해제된 취한 사람들이 잘나고 못난 거리를 허물고 하나가 되어 즐기는 모습이 보이는 듯하다.

깃발을 걸고 놀이의 시작을 알리던 초저녁 시간이 어느새 새벽으로 치닫고 있다. 구경꾼들이 한바탕 속 시원하게 웃음을 터뜨리며 떠드는 사이 깃발 끝에 새벽 어스름이 비치기 시작한다. 마시고 웃고 떠들고 놀이에 몰입되어 시간이 훌쩍 지난 줄도 몰랐을 것이다. 회식의 2차로 유흥을 즐기고 새벽에 귀가하는 사람들이 가지는 가벼워진 기분이 있다. 폭소와 취흥으로 맺힌 것을 씻어내고 돌아가는 그들도 아마 그랬을 것이다.

'월전'에 대한 해석은 '옛날의 광대놀음', '선비들이 술자리에서 서로 번갈아 하는 실수하기 놀이', '가벼운 희극' 등으로 다양하다. 이 중에서 양주동은 주목할 만한 견해를 제시했다. 월전의 '월(月)'을 '다리(가발, 假髮)'의 차자로 해석하고, '전(顚)'을 '머리' 또는 '꼭대기'로서 '꼭두'의 훈자로 해석한 것이다. 그리하여 월전을 '다리꼭지'로 풀이했다. 즉, 월전이란 난쟁이들이 가발을 쓰고 술잔을 다투어 마시는 놀음이라고 추측하였다. 이렇게 해석하면 춤추는 광대가 술 마시는 주체와 같아져서 관객의 실체가 사라지고 만다. 그러므로 춤을 추는 주체는 광대이고 술을 마시는 주체는 한량으로 따로 분리해서 보는 것이 좋겠다. 한량들의 유쾌한 술자리에 광대들이 불려 나오고 그들의 공연으로 취흥을 고조시키며 밤새 놀이를 즐기는 시정의 한 풍경을 그려낸 것이다. (노성미)

가면 속의 그대는 누구인가?
| 탈춤

'인간의 탈을 쓴 악마', '인간의 탈을 쓴 짐승 같은 놈', '인면수심'이라는 표현을 종종 접하게 된다. 대상을 비난하거나 혐오할 때 쓰는 말이다. 또 이중인격의 실체를 드러내는 것을 가면을 벗긴다고 한다. 이 말에는 가면의 인격과 가면 안의 인격이 다르다는 것이 전제되어 있다. 그렇다면 「대면」의 황금 탈과 그 탈을 쓰고 춤추는 자는 누구인가?

가면은 황금색으로 장식되어 위엄 있고 고귀해 보인다. '가면을 쓴 그 사람'이라고 했으니 가면을 쓰는 순간 가면이 바로 가면 안과 동일시된다. 그의 손에는 방울 채찍이 들려 있다. 그 채찍은 귀신을 조종하는 신통력을 보인다. 탈춤에 등장하는 말뚝이가 오른손에 채찍을 들고 허리에 왕방울을 찬 것과 흡사하다. 말뚝이가 양반을 향해 채찍을 후려치면서 심판하고 좌중을 압도하며 놀이판의 주인공이 되듯이, 황금 탈의 그 사람도 귀신을 부리는 강력한 힘을 가지고 있다.

방울 소리가 나는 채찍을 휘둘러 귀신을 제압했다는 것은 진시황이 만리장성을 축조할 때 '구산탁(驅山鐸)'으로 귀신을 부렸다고 한 고사에서 유래한 말이다. 해상에서 어부가 방울을 하나 얻었는데 소리가 천둥 같았다고 한다. 또 『삼국유사』의 '처용랑 망해사'에는 처용이 역신에게 아내를 빼앗기자 노래와 춤으로 귀신을 굴복시킨 이야기가 있다. 이후 처용의 가면은 강력한 신의 상징이 된다. 처용탈은 고려조정에서 처용무로 발전되어 나라의 태평을 기원하는 의식으로 행해졌다. 가면은 얼굴에 쓰는 것만 있었던 것이 아니다. 삼국시대 건축에 귀면와(鬼面瓦)와 귀면 장식들이 벽사의 목적으로 사용되었다. 장례 의식에서 사용되는 방상씨 가면도 악귀로부터 사자를 보호하는 기능을 했다. 인형처럼 작게 만들어 시체와 함께 매장하는 토우(土偶) 같은 것도 어떤 힘을 부여한 가면이라 할 수 있다.

요순시절은 태평 시대의 상징이다. 요임금 시대와 같은 태평한 세상을 요천(堯天)이라 하고, 요추순보(堯趨舜步)라는 말은 요임금이 달리고 순임금이 걷는 것처럼 덕행과 몸가짐이 성대하다는 뜻이다. 그러니까 탈을 쓴 그가 빠른 걸음 느린 거동으로 맵시 좋게 춤을 추는 것은 마치 요순의 덕 있는 거동과 같아서 봉황이 깃든다는 뜻이다. 요순이 태평 시대를 만든 것은 요고순목(堯鼓舜木)이다. 요임금은 조정에 북을 걸어 놓고 임금에게 간하려는 사람은 누구나 이 북을 치게 하였고, 순임금은 나무를 세워서 여기에 경계하는 말을 쓰게 했다. 언로를 열고 백성의 소리를 듣고자 한 자세가 그를 성군을 만든 것이다. 신라의 달밤에 탈춤을 추는데 여기에 요순시대를 부른 것은 황금 탈을 쓰고 춤추는 궁극의 목적이 태평 시대를 맞이하는 놀이임을 알 수 있다.

『동국세시기』 2월 고성 민속에도 비단 헝겊으로 신의 가면을 만들어 탈춤을 추며 놀았던 풍습이 전한다. 그 탈은 신의 얼굴이며 당집에 모셔진 가면에 신이 강림하면 탈을 쓰고 춤추며 관아와 마을을 돌며 놀았다. 놀이의 목적은 마을의 안녕과 풍요이다. 탈은 신격을 대신하는 것이며 신의 강림을 보이는 것이다. 또 그 신을 중심으로 대동하여 좋은 시절을 만들어가려는 민중의 희망의 몸짓이다. 그러므로 황금빛 탈을 쓰고 춤추는 순간 그가 바로 신이 된다. (노성미)

🎴 북소리 두둥둥 바람소리 솔솔
| 꼭두각시춤

　색의 상징이나 의미에 대해서 누구라도 한 번쯤 궁금했던 적이 있을 것이다. 빨강은 열정, 노랑은 영광과 부, 파랑은 희망과 믿음의 상징색이라는 인식은 거의 일반화되어 있다. 그러나 다른 한편 혈투라는 말에서 보듯이 빨강을 투쟁이나 전쟁, 파괴를 뜻하는 색으로 쓰기도 한다. 파랑 역시 평화와 안정을 뜻하는가 하면 우울의 상징으로 해석되기도 한다. 이렇게 색에 대한 상징은 서로 모순된 의미를 동시에 가지고 있기도 하고 지역이나 문화, 관습에 따라 달리 해석되기도 한다.

　이 시를 읽는 순간, 푸르스름한 얼굴빛과 어둡고 칙칙한 봉두난발을 한 사람의 이미지가 강렬하고 공격적으로 다가온다. 머리를 풀어헤친 쑥대머리 형색이 주는 기괴한 이미지와 푸르죽죽한 얼굴빛, 한 사람이 아닌 집단 난무가 좌중을 사로잡아 버리는 듯하다. 구경꾼들은 숨을 죽이고 그들의 출현을 지켜보며 어둠 속에서 눈을 반짝일 것 같다. 얼굴의 푸른빛은 산 자의 붉은 핏기와 대비되어 더 기괴스럽다. 그 푸른 얼굴이 산자의 세계에서 뛰어놀고 있다.

　그런데 봉두난발의 푸른 얼굴이 추는 춤을 난새에 비유하면서 등장 때의 분위기는 반전되고 마음에는 안도감이 찾아온다. 난새는 전설 속 상상의 새로 봉황과 비슷하며 이 새가 나타나면 세상이 태평해진다고 전한다. 그러므로 푸른 얼굴의 그들이 태평성대를 여는 춤을 추고 있는 것이다. 그리고 춤사위도 사뿐사뿐 요리조리 뛰면서 부드럽고도 경쾌하다. 봉두난발에 푸른 얼굴의 기괴함과 난새의 아름답고 우아한 태평무가 대조된다. 임금의 덕화를 사모하여 먼 나라에서 찾아와 춤과 노래를 바치는 것으로 난새춤을 해석하기도 한다. 난새춤이 주는 부드러움은 봉두난발의 푸른 얼굴로 평화를 전하러 나타난 전령으로 느끼게 한다.

  얼굴빛의 시각적 이미지와 더불어 북소리의 청각적 이미지는 태평무의 현장을 더욱 생동감 있게 전해준다. 북소리 '동동(冬冬)'과 바람소리 '슬슬(瑟瑟)'은 경쾌함마저 느끼게 한다. '동동'은 '동동(鼕鼕)'과 같이 북소리를 형용할 때 쓰는 의성어다. '슬슬'은 쓸쓸하게 부는 바람소리를 말한다. 당나라의 유명한 시인인 백거이의 「비파인 병서」에 "풍엽적화추슬슬(風葉荻花秋瑟瑟)"의 '슬슬'도 붉은 단풍잎과 하얀 갈대꽃에 스치는 가을바람의 느낌을 잘 표현하고 있다. 이렇게 두 글자를 겹쳐 의성이나 의태에 사용하는 관습적 표현은 '록록(綠綠)' '소소(昭昭)' '즐즐(喞喞)' 등 다양하다. 『백운소설』에도 고려시대 정지상이 김부식의 "류색천사록 도화만점홍(柳色千絲綠 桃花萬點紅)"을 "류색사사록 도화점점홍(柳色絲絲綠 桃花點點紅)"으로 고쳐주었다는 전설이 전한다. 버들 빛이 가닥가닥 푸른 것을 '사사(絲絲)'로 바꾸고, 복사꽃이 붉은 것을 '점점(點點)'으로 바꾸니 시의 품격이 훨씬 높아졌다는 이야기다. 글자의 중첩이 주는 시각적이고 의미적인 효과를 극대화한 것이 이와 같았다.

  군무를 추는 발동작, 약동하는 춤사위, 두둥둥 북소리에 바람소리까지 더하여 이 시의 전편은 마당에서 벌어지는 놀이 그 자체를 묘사하고 있다. 맨 앞의 춤꾼을 따라 여럿이 등장하여 태평무를 추는 우아한 분위기는 처음의 봉두난발이 주는 기괴함을 완전히 씻어버린다. 모두의 마음이 화평하고 놀이마당에 축복이 가득하다. 아마 이날은 새벽이 올 때까지 북소리가 그치지 않았을 것 같다. (노성미)

누추한 몸에 감추어진 어진 덕성
| 사자춤

 북청사자놀이나 오광대, 봉산탈춤 등에서 큰 사자가 흔들흔들 느릿느릿 춤추는 모습을 볼 수 있다. 안에 두 사람이 들어가야 사자탈의 몸통을 움직일 수 있으니 우리나라 가면극 중에서 규모가 가장 큰 탈이다. 우리 민속에서 사자춤의 역사는 삼국시대까지 거슬러 간다. 『삼국사기』 권32 잡지의 음악에 우륵이 지은 12곡이 소개되어 있다. 그중의 여덟 번째 곡 이름이 사자기(獅子伎)다. 이에서 보듯이 당나라 이전인 신라 진흥왕 때에 이미 사자무가 행해졌음을 알 수 있다.

 사자는 생김새에 위엄이 있고 용맹한 동물이다. 그래서 사자는 동물의 왕으로 인식되고 신격화되었다. 신라 지증왕 13년(512)에 이사부가 현재의 울릉도인 우산국을 정벌할 때 사자의 위엄을 전술로 이용했다. 나무 인형으로 사자를 만들어서 배에 나누어 싣고 우산국 해안에 이르러 항복하지 않으면 이 사나운 짐승을 풀어서 짓밟아 죽이겠다고 협박한 것이다. 그러자 우산국 사람들이 크게 두려워하여 항복했다고 한다. 그들에게 사자는 보지도 듣지도 못한 맹수로 보였고 인간이 감히 대적할 수 없는 두려운 존재였을 것이다. 이런 사자의 위엄에 기대어 사자춤을 만들어 춤으로써 벽사진경(辟邪進慶)을 기원하게 된 것이다. 고려시대의 니례에시도 섣달그믐날 밤 민가와 궁중에서 마귀와 사신을 쫓아내는 의식을 행했는데 여기에도 사자춤이 포함된다.

 사자가 느릿느릿 지친 듯 놀이마당으로 어슬렁거리며 등장한다. 멀리 사막을 건너 만 리 길을 건너오느라 털은 다 낡아 빠지고 먼지를 흠뻑 뒤집어쓰고 있다. 순탄치 않았을 그의 여정을 짐작하게 된다. 그런 모습에서 동물의 왕이 갖춘 위엄을 찾을 수가 없다. 동물의 왕국에서 보았던 먹이를 놓치고 굶주려 풀이 죽은 사자를 연상케 한다. 이때는 누구라도 대적하면 쉽게 제압할 것 같기도 하다.

이렇게 그의 외양은 볼품없다. 그러나 머리를 설레설레 흔들고 꼬리를 흔들며 등장하는 모습은 어진 덕에 길들여진 품위를 잃지 않았다. 남루한 옷을 걸쳤지만 온몸으로 품격을 내뿜는 사람을 대할 때의 느낌이 바로 이런 것이다. 털이 다 빠지고 먼지를 뒤집어써도 그의 위엄은 전혀 손상되지 않았다. 그 웅장한 기품은 역시 모든 동물의 최고다. 그 기상은 다른 짐승들에 비할 수 없다. 비록 지친 꼴이지만 다른 짐승과는 다른 웅기가 있다. 인덕에 순종하는 큰 짐승의 그릇이 온몸에서 느껴진다. 먼 사막을 건너 태평성세를 경축하러 이곳까지 찾아왔으니 어떤 짐승이 감히 그를 흉내 내겠는가.

이 시는 최치원의 「향악잡영」 5수의 맨 마지막이다. 신라 음악을 설명하는 마지막 자리에 '사자춤'을 놓은 이유는 3구로 설명된다. 인덕에 순종하는 사자, 지방의 수령이나 왕의 인덕에 감복한 사자라는 뜻이다. 그러니 사자가 먼 길을 찾아와 태평성대가 구가되고 있음을 축하하고 그런 시대를 만든 지도자의 덕을 칭송하는 것이다. 이것으로써 놀이의 대단원이 막을 내린다. 재앙을 퇴치하고 역귀를 쫓아내고 난 뒤의 태평 시대를 함께 축하하는 사자의 덕성, 차림새의 남루함이 그의 큰 덕을 결코 가리지는 못했다. 덕은 안에서 빛나는 것이므로. (노성미)

가을밤 빗소리에 길을 잃었네
| 가을밤 빗소리에

 찬 겨울비가 내린다. 흐릿하게 내려앉은 창밖 풍경을 바라보고 있으니 쓸쓸한 감상이 일어나면서 마음이 맑아진다. 혼자 고요하게 느끼는 찰나의 존재감, 침착하고 고요한 가운데 모든 풍경과 일들이 내 마음에서 일어나고 사라지는 것을 바라보게 된다. 이 고요를 벗하며 차를 우리고 한 잔의 차가 선물하는 향과 색과 맛을 온 마음으로 받아들인다.
 사람은 혼자일 때 비로소 자기 존재의 실상과 마주할 수 있다. 그런데도 때로는 번잡하고 격렬한 소용돌이 속에서 자신이 살아있음을 실감하며 외롭지 않다고 느끼고 싶어 한다. 그래서 사람들을 모으고 무리 속에서 자신의 존재감을 과시하기도 한다. 어쩌면 자신을 마주하는 두려움을 회피하고 싶은 심리인지 모르겠다.
 시인이 느끼는 고독은 자아와 세계의 괴리감을 이겨내기 어려운, 아직은 연약한 마음인 것 같다. 때는 잠 못 이루는 깊은 밤, 창밖에는 가을바람이 분다. 나뭇가지를 흔드는 바람 소리는 나의 청각을 자극하며 신경을 예민하게 만든다. 찾아올 사람은 없는데 바람의 기척이 나의 의식을 창밖으로 이끈다. 아무도 오지 않는 길 위에 추적추적 내리는 차가운 빗줄기가 땅을 무겁게 두드린다. 그 소리가 나의 존재를 짓누른다. 어둠 속에 홀로 등불을 밝히고 앉은 자신을 에워싸는 빗줄기는 세상으로부터 나를 단절시키고 외로움은 더욱 커져만 간다. 가을바람이 불어서, 깊은 밤이어서, 비가 내려서, 혼자 잠 못 들고 깨어있어서 외로움은 더 깊어지는 것이다.
 외로움의 깊숙한 곳으로 들어가니 세상이 나를 알아주지 않는다는 원망과 서러움이 자리 잡고 있다. 자신의 재주와 역량에 대한 자만이 세상으로 원망의 화살을 돌리는 경우를 쉽게 볼 수 있지 않은가. 시인의 원망도 바로 이런 순간이리라. 세상에 지음이 없다고 말한 '지음(知音)'은 나를 깊이 이해하는 친구라는 뜻이다. 중국 춘추시대에 거문고를 잘 타는 백아라는 사람이 있었는데, 그의 친구 종자기는 그가 거문고를 켤 때마다 소리에 담긴 그의 마음을 잘 읽어냈다. 종자기가 병으로 세상을 떠나자 백아는 거문고의 줄을 끊어 버리고 다시는 연주하지 않았다. 자기 음악을 이해해줄 사람이 세상에 없다고 생각했기 때문이다. 등불을 밝히고 깊은 밤 이렇게 시를 짓고 있지만 나를 알아줄 지음이 없다는 한탄 속에서 백아가 거문고 줄을 끊어버렸던 그 순간을 떠올린 것은 자신이 절망의 끝에 서 있음을 말한다.

　절망의 끝에 선 마음을 이끌어 등불 앞에 앉았다. 가물대는 불꽃을 보며 세상에 혼자인 나를 연민의 눈으로 바라본다. 나를 응시하며 등불 앞의 내가 고향의 추억으로 위로를 건네고 있다. 눈물 머금은 마음은 추억을 따라 고향으로 달려가는데, 그곳은 너무나 먼 만리 길이다. 그래서 고향으로 달려가는 마음도 너무나 아득하다. 창밖은 깊은 밤에 비가 내리고, 등불 앞의 내 마음은 만 리 밖 고향으로 달려가고 있다. 그 먼 아득함에 그만 나는 갈 길을 잃고 만다. 고독 속에서 충만함을 느끼기에는 아직 그의 마음이 너무 여리다. (노성미)

내 꿈도 너와 같다
| 좌주 상서가 난을 피해 유양을 지나면서 보여준 시에 화답하다

어느 날 공자와 제자들이 서로 이런저런 이야기를 나누고 있었다. 그때 공자가 제자들에게 "너희들의 꿈을 말해 보라"고 생뚱맞은 물음을 던졌다. 그때 증점(曾點)은 "제 꿈은 소박합니다. 어느 저물어가는 봄에 깨끗한 봄옷이 만들어지면, 관을 쓴 대여섯 명의 벗과 예닐곱 명의 아이들을 데리고 기수(沂水) 물가에서 목욕하고, 기우제 지내는 곳에서 바람을 쏘이다가, 시 한 수 읊으면서 집으로 돌아가는 것입니다"라고 답했다. 이에 공자는 "내 꿈도 너와 같다"(莫春者 春服旣成 冠者五六人 童子六七人 浴乎沂 風乎舞雩 詠而歸)고 말했다.

최치원의 꿈은 어떠했을까? 그도 증점과 같은 꿈을 품고 있었을까. 과거 급제자가 시험관을 일컬어 좌주(座主)라고 부른다. 최치원은 자신의 등용문에 좌주로서 은혜를 베풀었던 배찬(裴瓚)을 평생 스승으로 모셨다. 그의 시 「피난가는 좌주의 시에 화답하다」는 황소의 난이 한창이던 881년 무렵에 쓴 작품이다. 당시 최치원은 선비들의 동산인 당나라 장안의 유원(儒苑)을 찾았다. 선보(宣父, 공자)처럼 받들었던 스승 배찬이 전장으로 인해 피난을 떠났다는 소식을 접했기 때문이다.

오랜만에 만난 최치원과 배찬은 서로의 안부를 전하며 밀린 이야기를 나누었다. 만남도 잠시 그들에게 작별의 시간이 다가왔다. 스승과 제자는 서로를 걱정하며 헤어짐의 슬픔을 시에 담아 전했다. 당시 최치원에게 읊었던 배찬의 시는 어떤 내용이었을까. 아마도 그는 최치원을 '증점'에 빗대어 읊었을 것이다. "기수(沂水)에 목욕하던 제자 생각나"라는 표현에서 짐작할 수 있다.

이 시에서 최치원은 "훌륭한 글을 보고 속된 마음 씻었"다고 했듯이, 제천(濟川, 배찬)의 문장과 인품을 칭송하고 있다. 그러면서 그는 배찬이 읊은 시의 문장으로 말미암아 자신의 안목이 열리고 넓혀진다고 했다. 아울러 그는 제자를 생각해주는 스승이 더없이 고맙다고 읊었다. 그렇게 최치원은 "봄이 오면 한결같이 이별의 슬픔을 녹이"자고 배찬에게 화답의 말을 전하고 있다.

 누군가 '최초의 스승은 공자'라고 말했다. 나를 가르치며 인도해 주는 사람을 스승이라 부른다. 당연히 최치원에게 있어 평생 스승은 빈공과 장원급제 때 좌주였던 배찬일 것이다. 결국 이 시는 황소의 난으로 위급해진 상황에서 스승을 멀리 떠나보내는 제자의 안타까운 심정을 표현하고 있다. 그러면서 최치원은 스승의 은혜에 보답하지 못한 자신을 탓하며, 눈물로서 이별의 아픔을 달래고 있다. 옛말에 '안행피영(雁行避影, 스승의 그림자도 밟아서는 안 된다)'이라고 했거늘, 스승을 따르고 공경하는 최치원의 마음씨가 너무나 아름답다. (한정호)

만파식적을 찾고픈 그대
| 진성

고변(高騈)은 당나라 때의 명장이며 공신으로 이름이 드높았고, 문학에도 조예가 깊었던 인물이다. 시 「눈을 보며」에서 고변은 "흩날리는 눈꽃 문안으로 들어올 즈음 / 앉아서 옥 가지로 변하는 청죽을 보네. / 지금 높은 누각 올라 구경하면 좋으리. / 세상의 험악한 샛길 다 덮어버릴 테니.(六出飛花入戶時 坐看靑竹變瓊枝 如今好上高樓望 蓋盡人間惡路岐)"라고 읊었다. 하얀 눈이 온갖 샛길을 덮어버렸듯이, 그는 세상의 부조리와 부패를 모조리 일소하겠다는 큰 뜻을 품고 살았다.

『구당서(舊唐書)』에 수록된 「고변전」을 보면, 그는 신책도우후(神策都虞候)를 역임하였을 때 당항강(党項羌)의 반란 평정에 공적을 남겼다. 그 일로 당나라 의종(懿宗)의 총애를 받아 진주자사(秦州刺史)와 함께 진주경략사(秦州經略使)가 되었다.

최치원이 쓴 「진성」은 고변의 공덕을 칭송하여 바친 헌시(獻詩) 30수 가운데 하나이다. 그가 표제로 삼은 '진성'은 당시에 고변이 다스렸던 진주(秦州), 지금의 중화인민공화국 감숙성 천수시의 현급 행정구역을 일컫는다.

878년 무렵 스물두 살의 최치원은 고변의 막부에 들어가기 위해 30수의 시를 지어 바쳤다. 이 시에서 그는 옛날 중국의 장수들이 쓰던 보검인 '용천검'으로 흉노의 '용정(龍庭)'을 진압했던 고변의 전공을 치켜세우고 있다. 당시 고변의 용정 진압으로 말미암아 흉노는 영원히 "관문의 빗장"을 풀지 못했다는 것이다. 다시 말해서 고변이 변방 오랑캐들의 소란을 잠재웠다는 의미이다. 그래서 당나라는 평화로운 "피리 소리 들으며" 자유롭게 시를 읊조릴 수 있게 되었다고 했다.

　왠지 이 시를 읽으면, 저문 하늘에 잔잔하게 울리는 최치원의 차가운 피리소리를 듣는 듯하다. 신라시대 전설 속에 나오는 만파식적(萬波息笛), 나라의 모든 근심과 걱정이 해결되기를 바라는 간절한 염원들. 예나 지금이나 파랑 많은 세상살이, 천 년을 거슬러 '만만파파식적'의 기적을 만나고 싶다. (한정호)

산 사람을 추숭하라

산 사람을 기리는 사당

사람이 살아 있을 때부터 제사 지내는 사당, 곧 생사(生祠)는 몇이나 될까. 최치원도 그러한 인물이다. 그는 890년(진성여왕 4년) 7월 태산군(현, 전북 정읍) 태수로 부임했다. 신라 조정에서 시기하는 자들로 말미암아 외직을 자처했던 것이다. 하지만 최치원은 그곳 백성들을 위해 하염없는 선정을 펼쳤다. 이에 지역민들은 태산사(泰山祠)를 세워 최치원의 공덕을 기렸다. 오늘날의 무성서원(武城書院)이 그것이다.

10년 전으로 돌아가 보면 어떠할까. 880년 무렵 최치원은 고변(高駢)의 종사관이 되기 위해 기덕시(耆德詩)를 지었다. 『계원필경집』권17에 '칠언(七言)으로 공덕을 칭송한 시 30수를 삼가 사도(司徒) 상공에게 바친다.'라는 작품들이 실려 있다. 여기에 소개하는 「산 사람을 기리는 사당」은 그 가운데 하나이다.

이 시에서 최치원은 고변을 기리는 사우(祠宇)에 관해 언급하고 있다. 당연히 이 생사의 주향(主享)은 당나라 장수 고변일 것이다. 864년 무렵 당나라는 남만(南蠻)을 격파했고, 고변은 하후자의 천거로 안남도호 본관 경략초토사가 되었다. 일찍이 고변은 책을 많이 읽고 고금에 관한 이야기를 좋아했으며, 누차 많은 공을 세워서 사람들로부터 칭송받았다. 그런 까닭에 당나라는 진주방어사였던 고변에게 안남을 맡긴 것이다. 당시 고변이 얼마나 선정을 베풀었으면, 그곳 안남의 백성들이 살아있는 고변을 추숭하는 사우까지 지었을까.

이 시로 미루어 볼 때, 고변은 안남국(安南國, 지금의 베트남)에 속했던 '교지(交趾)'에서는 백성들의 영웅이었음을 알 수 있다. 비록 "교화하기 어려운" 오랑캐 남만이었지만, 그곳 백성들은 전임관리였던 고변을 그리워하며 그의 공덕을 기리고 추숭하기 위한 사당을 세웠던 것이다. 그래서 계동(溪洞, 호남, 사천, 광서 접경지대를 통칭)지역에 고변의 사당이 남아 전한다고 했다.

베트남에서 고변은 역사 교과서에 실릴 정도로 꽤 유명한 인물이라고 한다. 베트남 위키백과에 따르면 까오 브엉(Cao vương, 高王) 또는 까오 따이 위(Cao Thái úy, 高官)로 일컬어진다. '사왕(士王)'이라고 존중받는 사섭(士燮)과 비슷한 위치였다고 볼 수 있다. 옛말에 '호랑이는 죽어서 가죽을 남기고 사람은 죽어서 이름을 남긴다(虎死遺皮人死遺名)'라고 했다. 결국 최치원은 이 헌시(獻詩)를 통해 고변의 이름과 공덕을 찬양하고 있는 것이다. (한정호)

해탈과 번뇌, 열반과 미혹의 갈림길
| 금천사 주지 스님에게 주다

사람들이 절을 찾는 까닭은 무엇일까. 아마도 속세의 번뇌에서 벗어나 참된 자유를 누리기 위해서라고 생각된다. 다시 말해서 자신을 성찰하고 행복한 미래를 만드는 발걸음일 것이다. 최치원도 신라로 귀국한 뒤에 여러 절을 방문했다. 하지만 그가 절을 찾았던 까닭은 비명(碑銘)과 승전(僧傳) 찬술을 위해서였다. 그가 왕명을 받고 썼던 '사산비명(四山碑銘)'만 보더라도 쉽게 짐작할 수 있다. 그는 887년에 「지리산 쌍계사진감선사대공탑비명」, 888년에 「초월산 대숭복사비명」, 892년에 「숭엄산 성주사낭혜화상백월보광탑비명」, 그리고 893년에 「희양산 봉암사지증대사적조탑비명」을 완성했다. 그러한 과정에서 그도 해탈과 번뇌, 열반과 미혹의 시공(時空)을 넘나들며 세상만사에 고투했을 것이다.

최치원의 한시 가운데 「금천사(金川寺) 주지스님에게 주다」라는 작품이 있다. 그가 찾았던 금천사는 어디일까. 현재 우리나라에는 금천사(金川寺)라는 이름을 가진 절은 없다. 따라서 당시 최치원이 찾아갔을 금천사의 소재는 정확하게 밝혀지지 않고 있다. 그런 상황에서 최근에 충남 옥천군 군서면 금산4길 13-8 금천리(金川里)에서 절터가 발굴되었는데, 그 절의 이름이 금천사였다고 주장한다. 지금의 마을 이름이 금천리인 까닭도 그곳에 금천사라는 큰 절이 있었기 때문이라는 것이다.

그리고 이 한시를 지은 시기 또한 확실하지 않다. 만약에 금천사가 충남 옥천군에 있었던 절이라면, 충남 보령의 「숭엄산 성주사낭혜화상백월보광탑비명」을 집필했던 892년, 아니면 부성군(지금의 충남 서산시) 태수 시절이었던 893년 무렵으로 추정할 수 있다. 또한 최치원이 어떤 연유로 금천사를 찾았는지 알 수 없지만, 아무튼 이 한시는 그곳의 주지스님에게 바치는 증여시(贈與詩)에 속한다. 본디 증여시란 상대방의 고매한 품성이나 학문 등을 드높이는 경우가 대부분이다. 그런 점에서 이 한시는 37세 무렵의 최치원이 금천사 주지스님의 인품을 찬양한 작품이라 하겠다.

"흰 구름 낀 시냇가에 절을 짓고 / 서른 동안 주지로 지내네."라는 표현으로 미루어 금천사의 창건 시기를 통일신라시대 860년 무렵으로 짐작할 수 있으며, 득도(得道)한 주지스님의 모습을 상상할 수 있다. 그러한 주지스님이 "웃으며 가리키는 문 앞의 한 줄기 길"은 무아(無我)와 해탈의 경지를 뜻하고, "겨우 산 아래로 벗어나자 천 갈래가 되"는 길은 상념과 번뇌의 세상을 비유하고 있다. 결국 이 한시는 번뇌의 얽매임에서 풀리고 미혹의 괴로움에서 벗어난 주지스님의 삶, 세속에 시달려 괴로워하고 마음을 다잡지 못하는 최치원의 심정을 고스란히 담아내고 있다.

이 한시를 두고 점필재(佔畢齋), 김종직(金宗直)은 『청구풍아(青丘風雅)』에서 적길, 주지스님의 '마음속에 다른 갈림길이 없기 때문에 30년이나 오래 머물 수 있는 것이다.(心無他岐 所以能住三十年之久)'라고 했다. 예나 지금이나 세속은 한 줄기의 길이 아닌 천 갈래의 갈림길처럼 복잡다단하다. 그래서 사람들은 번뇌와 미혹의 삶에서 벗어나기 위해 절을 찾는 것이 아닐까. 금천사 주지스님처럼 "웃으며 가리키는 문 앞의 한 줄기" 해탈과 열반의 세계를 꿈꾸면서 말이다. (한정호)

봄, 여름, 가을, 그리고 다시 봄
| 곤주(袞州)에서 이원외에게

　이 시구들은 고운(孤雲)이 율수현위를 사직한 직후에 지은 것으로 추정되는 작품으로, 『천재가구(千載佳句)』에 실려 있는 최치원의 9개 작품 중 2개 작품이다. 『천재가구』는 일본 헤이안 시대 중기의 유학자 오에노 고레토키(大江維時)가 한시 구절을 모아 편찬한 모음집으로, 7언 2구의 뛰어난 시구를 엄선하여 나열한 책이다. 따라서 이들은 한 편의 절구가 아니라 서로 다른 시구로 실려 있다. 하지만 이 두 시구는 동일한 작품으로 보아야 한다는 것이 여러 학자들의 중론이다.

　두 시구가 하나의 작품이라면 고운은 이 시구들을 어떻게 배열하였을까? 일반적인 한시가 선경후정의 구조라는 점을 감안한다면 "芙蓉零落秋池雨(부용영락추지우) 楊柳蕭疎曉岸風(양류소소효안풍) / 神思只勞書卷上(신사지로서권상) 年光任過酒盃中(연광임과주배중)"처럼 배열하는 것이 설명적으로 타당할 것이다. 하지만 두 시구의 순서가 과연 그러할지도 의문이고, 두 시구의 앞뒤와 사이에 어떤 다른 시구가 더 있었을지도 확실하지는 않다. 마치 셜록 홈즈가 사건의 퍼즐 조각들을 맞춰 나가듯 옅은 미소를 짓게 만드는 재미가 있다. 하지만 이내 꼭 퍼즐을 완성하고 싶다는 오기가 생기다가도 이내 불가항력의 현실과 마주하게 된다. 그저 무지몽매한 우인(愚人)의 아집에 불과할 뿐이다.

　현실과 마주하는 찰나의 시간에 자신이 어리석었음을 알게 될 때가 있다. 그렇지만 지독히도 이 찰나의 시간에 앞서서는 자신의 어리석음을 절대로 알지 못한다. 평생 공부만 하면서 사는 학자도 현명하지 못한 시간들이 왜 그리도 많은지. 그래서 때때로 책만 파는 서생이라는 옛말이 하나도 틀린 것이 없다며 한탄한다. 글 무더기 속에서 나는 늘 아등바등 허우적거린다. 글 무더기에 함몰된 나의 관념도 뫼비우스의 쳇바퀴를 돌며 고단해진다. 시인의 노래처럼 고단함은 술과 친하다. 이 고단함으로부터 해탈하지 않으면 결국 술잔과 함께 나의 삶도 하루하루 지나가리라. 처음 학문의 업을 나의 인생길이라 여기며 호기롭게 시작한 그 시간의 지점이 어느새 저만치 멀어져, 내 인생의 시간이 가을에 접어들 때면 나의 몸과 마음을 무겁게 적신 고단함은 오른손에 놓인 술잔에 한 잔 가득 차 있다.

그런데 참 아이러니하다. 함께 학문의 업을 쌓았던 나의 동료이자 선배들이 더 이상 이 길을 걷지 않게 될 시간이 되면 한결같이 이제는 참 홀가분하다고 말하곤 한다. 앞으로는 내가 꿈꿔 왔던 나의 인생길을 새로이 걷겠다고 말한다. 그때가 되면 연꽃은 떨어지지 않아도 되고, 버들은 쓸쓸하지 않아도 된단다. 연꽃이 떨어지고, 버들이 쓸쓸하다고 언제나 겨울이 오는 것은 아닌가 보다. 새롭게 시작될 또 다른 나의 인생길, 그것은 봄이다.

시인이여, 그대 쓸쓸해하거나 낙담하지 말라. 우리와 같은 업을 지녔던 내 동료가 말하기를 가을 뒤에는 다시 봄이라 하오. 술잔을 가득 채울 수 있도록 고단함을 한껏 부어주시오. 그래야 우리가 쌓아가야 할 업의 시간들, 술잔과 함께 빨리 지나가지 않겠소. 그 시간들 지나가야 연꽃이 떨어지지 않아도 되고, 버들이 쓸쓸하지 않아도 될 테니. 그 새로운 봄, 우리 함께 다시 누려 봅시다. (박준범)

시공을 초월한 '레전드 술자리'
| 봄날 시골 정자에서 벗의 시에 답하며

　고운(孤雲)이 이 칠언시를 쓴 시기는 분명하지 않으나 874년 당나라 빈공과에 급제한 후 주나라의 도읍지였던 동도 낙양을 유람했던 시기였을 것으로 추정된다. 이 시는 봄날 시골 정자에서 벗의 시에 화답한 것으로 양제성에서 느끼는 봄의 정취와 벗이 가진 해박한 학식에 대한 부러움을 노래하고 있다. 화답시의 수신자인 벗이 누구인지는 명확하지 않으나 혹자는 고운(顧雲)이라고 하고, 혹자는 김인규라 한다. 이러한 주장은 어디까지나 추측에 불과하다. 이처럼 이 시는 쓰인 시기가 언제인지, 누구의 시에 대한 화답인지 어느 것 하나 명확한 것이 없다. 다만, 이 시에는 고운(孤雲)이 느낀 양제성에서의 봄날 정취가 가득 담겨 있다.
　시와 술로 풍류를 즐기는 시인은 봄날 양제성에서도 이러한 정취에 사로잡힌다. 양제성에서 조망하는 풍경은 시인으로 하여금 작시의 욕구를 절제하지 못하게 만들었다. 봄날 비단처럼 흐드러지게 피어있는 꽃들과 그 위로 분주하게 날아다니는 나비들. 마치 명주를 짜놓은 듯한 버들 사이로 날아다니며 노래하는 꾀꼬리의 모습. 시구에 묘사된 생명력 넘치는 봄날의 분주하고 활발한 모습이 머릿속에 그대로 그려진다. 시인은 이런 풍류 속에서도 자신의 정취로만 만족하지 않는다. 시인은 자신의 정취를 한껏 북돋아줄 좋은 벗을 찾는다. 혼자 느끼는 정취보다 함께 느끼는 정취에서 그 감정이 더욱 복받쳐 올라온다는 것은 어느 시공간에서나 진리다. 어느새 시인의 정취는 벗에 대한 최고의 찬사와 함께 최고조에 다다른다.
　이 시가 어느 시기에 쓰였는지, 이 시가 누구의 시에 대한 화답인지는 그리 중요하지 않다. 벗이 고운(顧雲)이든 김인규든 혹은 다른 사람이든 무엇이 중요하겠는가? 요즘 젊은 세대가 자주 쓰는 말 중에 '레전드'가 있다. '레전드'는 주로 인물과 같은 대상에 어울려 쓰이던 말이다. 그런데 젊은 세대를 중심으로 어느 때부터인가 대상뿐 아니라 '먹방 레전드, 반박 불가 레전드, 레전드 귀욤귀욤'과 같이 사건이나 상황, 태도 등에도 확대되어 쓰이고 있다. 이 시의 정취를 MZ 세대의 말로 바꾼다면 아마 '레전드 술자리' 정도이지 않을까? 생명력 넘치는 봄날의 시간과 한눈에 들어오는 끝없는 경치를 담은 양제성의 공간. 그리고 이 시공간을 함께하는 나의 지기까지. 시인이 느끼는 레전드급 정취는 벗에게 보내는 아낌없는 찬사 속에서 한껏 달아오른다. '환영(桓榮)도 당하지 못할 나의 벗의 해박한 학식이 부럽다.'라는 말이 립 서비스라 할지라도 시인의 풍류까지 빈 말은 아닐 터.

　오랜만에 나의 지기와 술자리를 가졌다. 누구보다 음주가무를 사모하는 그는 의학 기술의 발달이 지기들과의 많은 술자리를 앗아갔다며 한탄한다. 나는 그의 말이 실없는 아재 개그라며 가볍게 웃어넘겼다. 하지만 고운(孤雲) 선생의 시가 다시금 나의 마음속에 의심을 심는다. 있을지 없을지도 모르는 잃어버린 술자리들을 가정하니 빼앗긴 지기와의 시공간 하나하나가 아쉽다. 다소 혼란스러워지려 한다. 나에게 지기들과의 아쉬운 술자리를 부탁해 본다.

　혹자들은 부러우면 지는 것이라지만…. 조만간 나의 지기와 함께한 풍광 좋은 술자리를 시공을 조촐한 글귀에 얹어 SNS에 올리려 한다.

　"나도 친구 하나 있다. 누구도 못 당할 부러운 친구!" (박준범)

봄날, 흩날리는 바람꽃을 맞으며
| 섣달 그믐날 밤, 친구의 시에 답하며

　최치원의 「섣달 그믐날 밤 친구의 시에 화답하다」는 884년 입회남사(入淮南使)의 자격으로 회남에 들어온 김인규에게 쓴 시이다. 최치원은, 고변(高駢)의 휘하에서 관찰지사를 지낸 진사시 동년 고운(顧雲)에게 부탁하여 879년 10월 이후에 관역순관의 공첩을 받았고, 880년 5월부터 884년 8월까지 약 4년 동안 감찰과 문한의 임무를 담당한다. 그러던 중에 882년 1월에 도통에서 물러난 고변이 황제에게 불만을 토로했다 오히려 실권하여 도교에 침잠하고, 회남의 여러 장수들은 관할 지역에서 반란을 꾀한다. 이때 최치원은 고변의 아래에서는 더 이상 자신의 포부를 펼치기 어렵다고 판단하고, 결국 회남에 왔던 신라 사신 김인규를 통해, 자신의 활약상이 귀국 후의 관직 진출을 보장하는 계기가 될 것이라고 짐작하며 884년 10월에 17년 동안 머문 당나라를 떠나 다음 해 봄(3월)에 신라에 도착한다.

　이 시에는 시인의 아쉬움과 기대가 선형적으로 담겨 있다. 최치원은 당나라에 유학한 지 7년 만인 874년에 18세의 나이로 빈공과에 합격한다. 이후 고변의 종사관을 맡기도 했으나 자신이 기대한 만큼의 사회적 성공은 아니었던 것 같다. 그의 심경은 자신이 느낀 아쉬움을 김인규에게 이입하는 대목[莫恨流年挫壯心]에서 그대로 느껴진다. 하지만 그는 이러한 자신의 한탄스러운 처지를 가음(歌吟)으로 달래려 한다. 노래 한 가락, 시 한 구절이 여려진 마음을 달래주듯, 어쩌면 최치원도 이백의 가음을 통해 위로를 받지는 않았을까 상상해 본다.

　새로운 삶에 대한 기대는 당(唐)에 남은 한탄을 넘어설 수 있게 만든 힘이었다. 운명이었을까? 그가 초겨울 회남을 벗어나 춘삼월에 계림에 도착했다는 사실은 우연을 가장한 현실 암시는 아니었을까? 시인은 자신을 맞아줄 사람과 자신의 능력을 알아봐 줄 지음(知音)을 봄바람처럼 기대하고 있다. 바람꽃 흩날리는 봄날 언덕에 기다림과 기대를 한아름 안고 홀로 서 있는 그의 모습이 그려진다. 그에게서 느껴지는 아련한 애상과 따사로운 포부가 단지 모순적이라는 말로만 설명될 수 있을까?

한 사람의 기대가 아쉬움이 되고, 아쉬움이 한탄이 되고, 한탄은 가음을 지나 다시 기대가 된다. 여행가에게 가장 행복한 시간은 여행을 계획하는 설렘 가득한 순간들이라고 한다. 비록 최치원이 계림에서 아쉬움과 한탄의 길을 다시 한번 걷게 되기는 하지만, 꽃 피는 봄날에 기대를 가득 안고 계림에 도착하는 자신의 모습을 떠올리면서 그는 더없이 행복하였으리라. 나는 운명의 어디쯤에 서 있는가? 아쉬움과 한탄이 함박 내리는 겨울인가? 어느 현명한 사람이 말했던 것처럼 이 또한 지나가리라. 어느 사이 겨울은 지나가 버리고 봄날은 기어코 온다. 바람꽃 흩날리는 봄날을 기대하는 설렘 가득한 시간은 나를 충분히 행복하게 할 것이다. (박준범)

한창에 그리는 지음
| 여관엔 밤비 내리고

최치원은 굉사과에 응시하려고 율수현위를 내놓고 종남산에서 3년간 은거한다. 은거 중 생활고로 인해 고변(高騈)에게 부탁하여 관역순관의 직급을 받는데, 그 시절 곤궁한 생활 속에서 느낀 일종의 소외의식을 노래한 작품이 「우정야우(郵亭夜雨)」인 듯하다. 신라를 떠나 당(唐)으로 유학을 온 상황 속에서, 일정한 거처 하나 없이 여기저기 객지를 떠돌아야 하는 처지와 궁핍한 생활을 벗어나기 위해 고변에게 벼슬을 간구해야 하는 초라한 자신의 모습과 맞닥뜨린 최치원의 심정을 무엇으로 설명할 수 있을까? 학자로서, 또한 인간으로서 자존심이나 자존감 따위는 사치라고 여기며, 자기 자신과 끊임없이 타협하며 버텼을지도 모르겠다.

'여관'이라는 공간과 비가 내리는 늦가을 밤이라는 시간은 시인이 가진 소외감을 더욱 짙게 만들었을 것이다. 오죽했으면 창과 등불마저도 쓸쓸해 보였을까? 어쩌면 고요한, 아니 적막한 창 앞에서 떨고 있는 등불의 모습을 외롭고 힘없이 초라한 자신의 모습과 등치시켰을 수도 있을 것 같다. '나는 누구? 여기는 어디?'라는 요즘 유행하는 말처럼 나는 무엇을 위해 여기까지 왔는지에 대한 반문과 자기정체성에 대한 회의가 화두처럼 스스로에게 던져졌을 것이다. 자신에게 던져진 화두의 답을 찾기 위해 삼매경에 빠진 시인은 마치 참선하는 스님처럼 선정(禪定)하였겠으나 그러한 자신의 모습이 얼마나 쓸쓸하고 가련하게 느껴졌을까?

시인에게는 무엇이 필요했을까? 무엇이 그를 위로해 줄 수 있었을까? 어쩌면 그 답은 「추야우중(秋夜雨中)」에 슬며시 숨겨놓았던 것은 아니었을까? 「우정야우(郵亭夜雨)」에서처럼 비 내리는 가을밤이라는 시간 속에서 시적 시인은 무척 괴로워하고 있다. 시인을 괴롭게 만드는 것은 자신을 알아주는 이가 한 사람도 없다는 사실이다. 만 리나 떨어진 고향에는 나를 알아주는 이가 있을 것이지만 지금 여기에는 그런 사람이 없다. 여행자들은 쉽게 친구가 된다고 한다. 이 말을 뒤집어 생각해 보면, 그들이 얼마나 외로운지를 보여주는 것일 수 있다. 아무리 좋은 호텔 방에서 지내면서도 불현듯이 객수(客愁)가 걷잡을 수 없이 일어날 때가 있다. 하물며 타국의 곤궁한 여관에서 지내니 얼마나 깊은 객창감(客窓感)을 느꼈을까? 디지털 혁명의 시대에 살고 있는 우리네야 나그네로서의 서러움을 영상 통화로 대신할 수 있지만, 지음(知音)을 그리워하며 한창(寒窓)에서 서러워하고 있는 시인에게는 무엇을 건네주어야 할까? (박준범)

이별 앞에 느릿느릿 물결 가르는
| 오만 수재의 석별에 답하다

「수오만수재석별」은 최치원이 오만과의 이별을 노래한 칠언절구이다. 먼저 시제를 통해 몇 가지 사실을 확인할 수 있는데, 첫째는 서로 주고받은 시라는 점이다. '수(酬)'라고 하였으니 정확히는 화답시 또는 수답시이다. 둘째는 오만을 수재(秀才)라고 칭한 점이다. 수재는 당나라 초기에는 명경과, 진사과 등과 더불어 과거시험의 한 종류였다. 그러나 워낙 어려워 응시생이 없어 곧 폐지된 후로는 '과거에 응시한 자' 또는 '학문을 하는 자'를 일컫는 말로 쓰였다. 그렇다면 두 사람은 과거시험을 치르기 위해 함께 수학하던 동년배의 지기였던 모양이다. 마지막으로 시제에 석별이라 표현한 점이다. 슬프고 애석한 이별을 노래할 정도라면 둘 사이의 우의가 매우 깊었음을 짐작할 수 있다.

첫 수에서 자신을 떠나보내고 남은 지기의 슬픔을 달래주는 느낌은 약하다. 오히려 지기의 입장에서 자신을 타자화하여 스스로를 다독이는 듯한 느낌이 강하다. 아무리 친했던 지기라도 그토록 고대하던 벼슬길에서는 내 길을 갈 수밖에 없는 노릇 아니겠는가. 그러면서도 한편으로는 마음에 파고드는 괴로움을 주체할 수 없어 스스로를 위로하고 있다. "벼슬이 높으면 친구와 친하기 어려워도 갈림길에 내 잠시 몸이 괴롭다고 슬퍼 마오. 오늘 아침 내가 멀리 떠나가며 친구가 별말 없어도 한 조각 마음만은 모름지기 남부끄럽지 않소."라고 말하는 것만 같다. 여기에서 '나'는 최치원 자신일 게다.

사람들은 늘 갈림길을 두고 어디로 가야 할지 고민에 빠진다. 그것이 오로지 자신을 위한 선택이든 타인과의 화합을 위한 선택이든 말이다. 신라에서 당으로 올 때 다짐하고 그토록 고대했던 빈공과에 합격했으니 이제 앞만 보고 가면 된다. 그런데도 한 가지 아쉬운 것이라면 친구와 이별해야 한다는 것이다. 부모님과 외따로 떨어져 먼 타국에서 공부에만 매진할 때 함께 수학하던 지기가 있어 견딜 수 있었다. 과거에 합격해서 기쁜 마음이 컸다. 하지만 그것도 잠시뿐 율수현위가 되어 떠나야 한다니……. 하고 싶은 말이 있어도 입안에서 맴돌 뿐 할 수 없다. 먼저 합격한 것도 미안한데, 친구를 두고 떠나야 하는 이내 마음은 입이 있어도 말로 표현하지 못할 정도로 슬퍼 이렇게나마 일편단심을 노래하는 최치원의 마음을 엿볼 수 있다.

첫 수와 달리 둘째 수에서는 자기 자신에서 주변으로 시선이 이동한다. 1구와 3구는 자신을, 2구와 4구는 자신이 처한 상황을 표현하였다. 저 멀리 강가와 하늘가가 맞닿아 물과 하늘의 경계가 불분명하게 보일 정도지만, 슬픔을 있는 그대로 쏟아내지 않고 매우 절제하고 있다. 최치원은 율수현위가 되어 지기와 함께 하던 시간을 뒤로 하고 떠나야 한다. 고국을 떠나올 때, 아비는 "치원아! 너는 이 나라의 꼭 필요한 인물이 되어야 한다."라고 하셨다. 게다가 '10년 안에 급제하지 못하면 내 아들이라 말하지 말라'라는 말도 남기셨다. 집안과 아비와 나를 위한 길이었기에 아프고 슬픈 마음 컸지만 이겨내야 했다. 외롭고 쓸쓸했지만 친구를 위안 삼으며, 아비의 얼음 같은 당부를 이뤄냈다. 몸은 훨훨 나는 기러기 같지만, 내가 가야 할 그곳은 무슨 일이 또 펼쳐질지 장막에 가린 암흑 같기만 하다. 떨어지지 않는 발길을 겨우 떼어내며 몇 걸음 나섰지만, 공부에 대한 고민으로 서로 위로해주며 지낸 그곳, 아니 어쩌면 고국으로 가고 싶은 것인지도 모르겠다. 시선이 머무는 저 끝에 저녁연기 자욱해지며 검게 변한 물빛에 하늘이 보인다. 물길을 가르며 멀어져 가는 저 돛

배 하나가 저녁연기 자욱한 하늘을 날아가는 듯 이별도 느릿느릿 떠나가길 바라고 있다.

최치원은 훗날 오만이 과거에 급제하여 진사가 되었을 때 쓴 「송진사오만귀강남」에서 그와의 이별을 직접적으로 드러낸다. 그러면서도 학문에 매진할 것을 당부하고 있어 그들의 깊은 우정을 엿볼 수 있다. 마찬가지로 「수오만수재석별」에서도 헤어질 수밖에 없는 불가피한 현실의 비애감을 애써 위무하며, '일편심(一片心)'이라 말한 것은 그들의 우의(友誼)가 일회적 유희가 아님을 함축적으로 드러낸 것이다. 진심에서 우러나오는 변치 않는 마음이 눈물로 이별하는 것에 비견하고도 남을 만하지 않은가. (김지민)

흰 구름 걸친 깊은 골에 솔바람 소리만 나부끼네
| 재곡난야에 홀로 사는 스님에게

　현묘지도의 풍류를 깨친 최치원은 수행자와의 교류도 활발히 하였다. 「제해문난야류(題海門蘭若柳)」, 「증운문난야지광상인(贈雲門蘭若智光上人)」, 「증재곡난야독거승(贈梓谷蘭若獨居僧)」은 모두 '난야'라는 이름이 붙은 시이다. 난야(蘭若)란 범어 아라냐카(āranyaka)의 음역인 '아란야(阿蘭若)'의 준말로, 출가자가 수행하는 수도처나 사원을 말한다. 「증재곡난야독거승」은 깊은 산기슭에 띠를 이어 만든 띳집을 수도처로 하여, 홀로 수행하는 승려를 찬양한 시이다.
　1~2구에서는 승려가 홀로 수행하는 재곡난야가 있는 공간을 찬양하고 있다. 사람의 발길조차 닿지 않는 적막공산에 작은 띳집 한 채가 자리 잡았다. 첩첩산중에 볕들지 않아 내딛는 곳마다 이끼가 가득하고, 구름이 안개처럼 자욱하여 한치 앞도 볼 수 없다. 귀에는 바람에 나부끼는 솔잎 소리만 들리고, 눈앞에는 흰 구름이 에워쌌다. 바깥세상과 단절되어 세상 시류에 흔들리지 않고, 바위와 구름이 띳집과 어우러져 승려의 참선을 방해할 것이라곤 어느 하나도 없다.
　3~4구에서는 세상 사람들이 알고 찾아와 훼손할 것을 염려하고 있다. 하늘과 맞닿을 정도로 깊은 산중에 오가는 이 없는 난야가 세상 사람들에게 알려질까 염려스럽다. 그가 찾아온 길 따라 너도나도 찾아와 이리저리 헤집어놓으면, 세상과 단절된 난야의 고요함이 사라지진 않을까? 이런저런 걱정에 그가 왔던 길의 발자국이라도 씻어내려고 한다.
　최치원은 세상 시비에 심신이 평온하지 않았다. 큰 꿈만큼이나 속세에서 느끼는 괴로움도 컸다. 하지만 그것을 풀 수 있는 방법을 몰랐다. 그래서 찾아갔던 것이었을까? 언제 어느 때든 품을 내어주는 자연의 소리가 세상살이의 고난으로 짓눌린 그를 달래주었다. 허나 마음이 복잡하여 찾아간 곳이었건만 그가 가서 고요함을 깨뜨리지는 않을까 염려한다. 자신이 걸어온 흔적을 지워서라도 난야가 오염되지 않길 바라는 마음이 크다.
(김지민)

고향 내음 풍기는 봄꽃
| 바닷가를 한가로이 거닐며

　최치원이 당나라에서 시간을 보낸 지 18년이 되던 884년 7월, 최치원을 신라로 데려가기 위해 입회남사 김인규와 녹사 최서원이 양주에 온다. 이 소식을 듣고 고변은 공금으로 행장을 마련해주고, 20일 치 녹봉으로 귀국 비용까지 보탠다. 또한 배편을 마련해 주고 동행할 사람을 붙여줄 정도로 정성을 쏟았다.
　이렇게 시작된 고국으로 돌아오는 여정은 험난했다. 양주에서 회남운하를 따라 북상하여 초주(楚州, 회안(淮安)의 산양(山陽, 현, 강소성 회안현 남부)에 이른다. 초주에서는 황해안을 가로지르고 해함(海艦) 편으로 연근해를 끼고 산동반도를 남에서 북으로 빙 돌았다. 회해(淮海, 해주만)를 거쳐 청도 부근 교주(膠州)의 대주산(大珠山), 유산(乳山), 그리고 출발한 지 3개월 만인 그해 10월에 산동반도 북쪽 등주(登州)에 도착한다. 하지만 한겨울에 접어드는 시기였기에 풍랑이 거세어 사나운 바다 물결과 바람을 뚫고 신라로 가기란 쉽지 않았다. 해를 넘겨서까지 기다리게 되자, 885년 음력 1월에는 참산신(巉山神)에게 제를 올리며 제문을 써서 바치기도 한다. 등주에서 겨울 한철을 힘겹게 보낸 뒤에야 이듬해 3월 신라에 도착한다.
　최치원은 바다와 봄이라는 시어를 즐겨 썼다. 『계원필경집』 권 20에는 이에 관한 시가 7편 있다. 「조랑(潮浪)」, 「사정(沙汀)」, 「해구(海鷗)」, 「동풍(東風)」, 「해변춘망(海邊春望)」, 「해변한보(海邊閒步)」, 「장귀해동참산춘망(將歸海東巉山春望)」이다. 그중 「동풍」, 「해변한보」, 「장귀해동참산춘망」 속 바다와 봄은 슬픔의 공간이 아니다. 바다는 육지와 육지를 가르는 경계이면서 육지와 육지를 잇는 공간이기도 하다. 그래서 바다는 때로는 이별이나 죽음을 노래하며, 때로는 만남이나 부활을 노래한다. 「해변한보」 속 바다는 후자에 해당한다. 또한 봄은 사계절의 첫 절기로서, 새로움, 탄생, 정화의 의미로 해석되며, 다시 만날 임에 대한 그리움을 함축하기도 한다. 바다와 마찬가지로 「해변한보」 속 봄도 후자에 해당한다. 최치원은 「해변한보」를 통해 고국에 당도할 날을 손꼽아 기다리고 있다.

「해변한보」는 당에서 고국 신라로 돌아가기 직전에 쓴 시이다. 1~2구에서는 썰물 때를 만나 등주의 모래사장을 거닐며 산머리의 저녁놀을 바라보는 한가로움이 엿보인다. 3구에는 봄이 와도 고향에 돌아갈 수 없는 처지로 인해 봄을 모른 체하며 스스로를 괴롭혔다고 말한다. 4구에는 봄이 와도 모른 체하며 시간을 보내었으나 고향에 돌아갈 즈음이 되니 그제야 봄꽃 향기에 마냥 취해 마음이 고향에 가 있는 상상을 하고 있다. 이처럼 「해변한보」 속 바다와 봄은 그리운 고향을 이어주는 공간으로서, 고향에 돌아가는 출발의 시간으로서의 의미를 담고 있다. 즉 바다와 봄은 즐겁고 설레는 공간과 시간으로서 작용하고 있다. (김지민)

강산이 변하면 이별의 슬픔 가시려나
| 우강역 정자에서

「제우강역정」은 최치원이 우강역정에서 누군가를 기다리며 지은 칠언절구이다. 최치원은 빈공과에 장원으로 급제한 후 2년 동안 낙양을 유람하며 활발히 저술활동을 한다. 그리고 876년에 드디어 율수현위가 되어 율수현에 머무는데, 바로 그곳에 우강역정이 있었다. 우강역정은 역참의 특성상 만남과 이별이 공존하는 장소이다. 최치원은 그러한 곳에서 돌아올 누군가를 기다리는 안타까운 심경을 드러내고 있다.

1~2구에서 최치원은 우강역정에 누군가를 마중 나와 있다. 언제 그 누가 돌아올지 모르기에 하염없이 우강을 바라보며 애타는 그리움을 쏟아낸다. 얼마나 오랜 기다림이었을까? 큰 일교차로 인해 우강에는 어느새 짙은 물안개가 자욱하게 내려앉았다. 배가 오가는 물길을 가로막은 물안개는 작자의 오랜 갈망을 표현하는 동시에 재회에 대한 장애물로 그려졌다. 유람할 때처럼 발길 닿는 대로 떠날 수 있는 몸이라면 물안개가 대수겠냐마는, 율수현위가 된 지금은 가고파도 가지 못하니 물안개가 야속할 따름이다.

3~4구에서 최치원은 자연의 변화와 인간의 이별을 동등하게 보았다. 그리하여 인간의 이별 또한 견디기 힘든 슬픔이라고 강조한다. 당장이라도 산이 깎이어 평탄해지고 강물마저 메마른다면 모를까, 그렇지 않다면 인간세상의 이별은 없어지지 않는다고 말한다. 작자는 우강역정에서의 이별 후 재회를 위한 기다림에 대한 애처로운 심경을 그려내고 있다.

최치원이 우강역정에서 기다리던 이는 오랜 타국 생활로 인한 외로움과 생활고를 근근이 버티던 중 찾아온 단비 같은 존재였으리라. 안개에 가려 한 치 앞도 보이지 않는 막막한 곳에서, 지금이라도 당장 산이 평지되고 강이 메마르면 매어둔 말을 단숨에 타고 달려가 그 누군가를 만나지 않았을까? 외로운 타향살이에 이별 또한 쉽지 않아, 더 이상의 이별이 없기를 바라는 최치원의 작은 소망이 엿보인다. (김지민)

9장

자취를 찾아서

▣ 적막한 지하에서 몇 해나 봄을 원망했을까

　고독한 시인의 꿈같은 하룻밤 사랑이 천년의 전설이 되어 잠들어 있는 쌍녀분을 찾아간다. 상해의 푸동 공항에서 남경으로 가는 고속도로를 타고 가다 보면 진강을 지나 율수·양주IC로 접어든다. 그 길로 진입하여 곧바로 나타나는 두 갈래 길에서 왼쪽으로 빠지면 율수로 들어가게 된다. 최치원 기념관이 있는 양주에서 율수까지는 버스로 2시간 정도 거리다. 율수가 속해 있는 강소성은 경치가 아름답고 뛰어난 인물이 많이 배출된 곳으로 유명하다. 예전의 율수현은 현재 율수와 고순으로 나누어졌는데, 쌍녀분이 있는 곳은 현재 고순현 구역이다. '고순 옛 거리'는 2012년 중국 역사문화 유명거리로 지정되어 관광객의 발길이 이어진다.
　최치원은 868년(경문왕 8년) 12세의 어린 나이에 당나라 유학을 떠났다. 신라 하대는 왕족이나 진골 귀족에 이어 6두품 출신에 이르기까지 당의 선진 문물을 배우기 위한 유학 열풍이 대단했다. 한때 당에 머문 숙위 유학생의 수가 105명에 이르렀다는 것으로 당시의 분위기를 짐작할 수 있다. 숙위 유학생이 당에 머무는 기간은 대개 10년 정도로 정해져 있었다. 최치원이 유학길에 오를 때, "10년 안에 급제하지 않으면 내 아들이 아니다."라는 아버지의 간곡한 당부는 이런 상황에서 나온 절박한 심정을 보여주는 것이다.

그는 '인백기천(人百己千)'의 노력으로 6년 만에 빈공과에 급제했다. 과거 급제 후 발령을 기다리는 동안 낙양을 유람하면서 문사들과 교유하고 사적을 유람하며 시작에 몰두했다. 그리고 3년 뒤인 877년 율수현위로 부임했다. 이 시기의 최치원이 주인공으로 등장하는 기괴하고도 아름다운 사랑이야기가 전하는데, 그 배경이 쌍녀분이다.

최치원은 율수현위 시절 고을 남쪽의 초현관에 가서 놀았다. 관 앞의 언덕에 오래된 무덤이 있는데 '쌍녀분'이라고 했다. 이곳은 경치가 좋아 고금의 명현들이 유람하던 곳이다. 최치원은 무덤 앞 석문에 두 혼령을 위로하는 시를 썼다. 그날 밤 달이 밝고 바람이 맑아 홀로 천천히 산책을 즐겼다. 그때 갑자기 한 여인이 나타났다. 여인은 붉은 주머니를 최치원에게 바쳤다. 그 안에는 무덤 속의 두 여인이 전하는 시가 들어있었다. 그가 아침에 덤불을 헤치고 돌을 쓰다듬으며 시를 쓴 곳이 두 여인이 사는 곳이고, 최치원이 써준 위로의 시에 답시를 보낸 것이다.

쌍녀분

한 시에는 '한을 품고 외로운 무덤에 기댄 영혼, 붉은 뺨 버들눈썹 봄을 맞은 듯' 낯모르는 이에게 연정을 품고 마음 아파하며 기다린다는 내용이었다. 또 하나는 '오가는 이 그 누가 길가 무덤을 돌아보려나, 난새 거울과 원앙 이불엔 먼지만 일어나네.'로 시작되는데, 운우의 정을 그리워하는 내용이었다. 그리고 편지 뒤에 추신으로 마음을 전하고 싶으니 잠시 서로 친할 시간을 허락해달라는 적극적인 프러포즈가 적혀 있었다.

최치원은 두 여인을 만나기 위해 곧바로 화답시를 적고 그 끝에 이렇게 썼다.

파랑새가 뜻밖에도 사연을 알려주니
잠시 그리운 생각에 두 줄기 눈물 흐르네.
이 밤에 그대 선녀들 만나지 못한다면
남은 생 지하에 들어가서라도 찾아보리라.

달밤의 외로움을 달래려는 간절함이 손끝을 떠나자마자 잠깐 사이에 두 여인이 향기를 뿜으며 나타났다. 그들은 율수현 초성향 장씨 집안의 두 딸이었다. 아버지가 부유함과 사치함만을 좋아하여 소금장사와 차장사에게 자신들의 혼처를 하락하는 바람에 울적한 마음을 풀길 없어 요절한 사연을 말했다.

달빛이 눈에 가득 차니 아득한 하늘 넓은데
먼 곳이라도 근심하는 마음은 곳곳이 같구나.

세 사람은 달을 소재로 삼아 연작시를 지었는데, 최치원이 먼저 첫 연을 이렇게 지었다. 그들이 주고받은 시는 모두 맑고 빼어나서 세상에 없는 구절들이었다. 술자리의 흥은 익어가고 시녀에게 노래를 부르게 하니 달밤의 연회는 깊어 갔다. 취흥이 더해지자 세 사람은 정갈한 베개 셋을 늘어놓고 새 이불을 펴서 사랑을 나누었는데, 곡진한 정은 이루 다 말할 수 없었다.

이별의 시간이 다가오자 최치원은 자신을 '봄바람에 귀양 온 신선'이라 여겨 달라고 부탁하고, 여인은 '하룻밤의 즐거움을 누린 것으로 이제부터 천년의 길고 긴 한을 품게 되었다.'고 탄식했다. 달이 지고 닭이 울자 두 여인은 '혹시라도 다른 날 이곳을 다시 지나게 된다면 황폐한 무덤을 다듬어 주십시오.'라는 당부를 남기고 바람같이 사라져 버렸다.

최치원은 다음날 아침 무덤가로 가서 깊이 탄식하고 긴 시를 지어 자신을 위로하였다. 세 사람이 주고받는 대화는 주로 시로 대신했고, 마지막 긴 노래도 최치원이 초현관 앞을 거닐 때부터 여인들과 사랑을 나누고 헤어지는 전 과정을 담고 있다.

「최치원」은 통일신라 후기에 지어진 작가 미상의 한문 설화집인 『신라수이전』에 실렸다. 「최치원」의 작가에 대해서는 이견이 많은데, 최치원이 경험한 이야기를 들은 같은 도당 유학생이었던 최광유가 소설로 지었고, 이것이 수이전에 수록되었다는 설이 있다. 수이전은 현재 전하지 않고 조선 전기의 성임(1421~1484)이 『태평통재』 권 68에 「최치원」이라는 제목으로 옮겨 실어 전한다. 또 조선 중기의 권문해(1534-1591)가 『대동운부군옥』 권15에 「선녀홍대」라는 제목으로 축약하여 실었다. 중국에서는 남송 때인 12세기 초반의 『육조사적편류』에 「쌍녀분기」라는 이름으로 요약되어 실렸다.

한국 소설사에서 「최치원」은 김시습의 『금오신화』에 앞서는 최초의 전기소설로 분류된다. 고독한 지식인 주인공과 외로운 혼령의 사랑이 초현실적이고 낭만적으로 그려져 있다. 전기소설의 미적 본질을 견고하게 갖추고 있다. 최치원이 당에서 활동하던 시대는 이미 전기소설이 유행하던 때여서 최치원이 지은 이야기를 후대에 부연했거나 최광유와 같은 문인이 지었을 수도 있다. 그러나 작가가 분명하지 않은 속에서도 「최치원」은 우리 소설사를 빛나게 하는 자부심으로 우뚝하다. (노성미)

▩ '격황소서'를 짓고 『계원필경』을 엮다

양주시 당성유지(唐城遺址) 안에는 '양주 최치원기념관'이 있다. 당성은 옛 관아가 있던 곳으로 전국중요문화재보호구역에 속한다. 당성은 한묘박물관, 수서호, 대명사와 함께 양주의 대표적인 유적지이다. 당성에서 근무한 5년간은 그의 재당 시절 최고의 영화를 상징하는 곳이다.

그는 율수현위 시절 녹봉이 두텁고 관직이 한가하여 풍요롭고 넉넉한 생활을 했다. 그 기간에 쓴 글을 모아 『중산복궤집』 5권을 엮기도 했다. 그러나 현위는 그의 포부를 담기에 부족했으므로 곧 사직하고 박학굉사에 응시하기 위해 다시 학업에 매진했다. 불행하게도 이 시기에 국가정세의 변동으로 인하여 과거 응시는 좌절되고 경제적 곤궁함에 직면하게 된다. 그래서 지기인 고운(顧雲)을 통해 시, 계, 단가, 편지 등을 회남절도사 고변에게 보내어 자신의 출사를 모색했다. 그의 글이 고변의 마음을 움직여 발탁되었고 회남절도사 고변의 휘하에서 감찰과 문한의 임무를 맡게 되었다. 관찰순관은 절도사 휘하에서 부정비리를 감찰하고 문적과 문서의 검열을 담당하는 일을 했으므로 자연히 고변과 밀접하게 소통했을 것으로 보인다.

당성 안에 있는 연화각(延和閣)은 고변이 세운 전각이다. 주변에 연못과 정원이 잘 가꾸어져 있어 고풍스런 분위기를 느낄 수 있다. 2000년부터 7년 동안 우리나라 경주최씨 중앙종친회는 이 연화각에서 최치원 선생 제향을 지냈다. 선조의 제향 공간을 따로 마련하고 당에서의 활동을 기록하는 기념관을 세우기 위해 종친들이 많은 노력을 기울인 결과 중국 외교부로부터 최치원 기념관 건립 허가를 받았다. 이로써 양주 최치원 기념관은 중국 정부로부터 승인받은 최초의 외국인 기념이 되었고 한·중

우호의 상징이 됨 셈이다.

「연화각기 비(碑)를 보여준 것에 사례하는 장」에 의하면 고변은 연화각기의 비본 한 축을 고운에게 선물했다. "은구(銀鉤)를 대함에 손과 발이 춤추고, 옥연(玉輦)을 바라보니 영혼과 간담이 떨쳐 날아간다."라고 표현할 만큼 아름다운 초서체의 비본이었음을 알 수 있다. 고운은 이 비본을 신라에 가서 자랑한다면 "검은 용의 턱 아래 구슬도 영원히 값이 떨어질 것"이라고 하면서 지극히 보배롭게 감상하고 스승처럼 우러르는 지극한 심정을 금하지 못한다고 했다. 당성에서 벼슬할 시기가 얼마나 영화로웠는지는 「새 차(茶)를 보내준 것에 감사하며」, 「사일의 술과 고기에 사례하는 장」 등 곳곳에서 느낄 수 있다. 입춘, 동지, 한식 등 특별한 날이 되면 쌀, 면, 술, 고기 등 음식을 받고 그는 이에 사례하는 글을 썼다.

영화로운 벼슬길의 다른 한편으로는 "어지러운 연기가 들판을 가로지르는" 난세의 고난을 함께 감당해야 했다. 당나라 말기는 안록산, 사사명에 이어 황소의 난으로 사회가 어지러웠다. 고변은 황소의 난을 진압하는 사령관이었으므로 최치원이 격서를 쓰게 된다. 격서는 처음에는 귀순할 것을 설득조로 이야기하다가 나중에는 단호하고 기개 넘치는 문장으로 변한다.

당성 입구, 연화각, 최치원 기념관(위에서부터)
〈출처〉 NAVER 블로그 '오늘, 쓸 이야기'(https://blog.naver.com/love26s)

"오직 천하의 사람들이 모두 죽일 것을 생각할 뿐만 아니라, 땅속의 귀신까지 이미 몰래 주륙할 것을 의논했다."라는 대목에서 황소가 겁을 먹고 자리에서 넘어졌다는 고사가 있을 정도로 뛰어난 문장이었다. 이를 계기로 최치원은 문장으로 천하에 이름을 알리게 된다.

그는 고변의 신임을 받았고 '도통순관 승무랑 시어사 내공봉'에 올랐고 자금어대를 하사받았다. 이 직위는 고관의 자제들도 출신입사한 지 2, 30년이 되어도 받기 어려운 자리였다. 그런데 최치원은 신라 사람인데도 불구하고 이런 파격적인 대우를 받았다. 고운은 과분한 직을 사양하는 글을 올렸지만 고변은 그에게 도통순관을 맡겼다. 이로 보아 고변의 신임이 얼마나 두터웠는지 알 수 있다.

『계원필경집(桂苑筆耕集)』 20권은 이 시기에 지은 1만여 편의 글 중에 정화만 추려서 엮은 것이다. 그는 신라로 귀국하여 헌강왕에게 이 문집을 바쳤다. 이 책은 우리나라 최초의 개인 문집으로서 문화사적 가치가 높고, 중국에서는 문학적 가치뿐만 아니라 당시 당나라의 생활사를 연구하는 귀중한 자료로 그 가치를 인정받고 있다. 이로 인하여 양주시에서 최치원기념관을 짓고 기념일을 제정하는 등 최치원을 기념하는 행사를 할 수 있게 된 것이다.

양주는 수나라 때 경항(京抗) 운하가 장강에 연결되어 당나라 때부터 국제적인 항구로서 번성했던 곳이다. 장안은 세계의 수도라 할 만큼 많은 세계인이 거주했다. 바닷길로 당나라 장안으로 가려면 장강을 통해야 했고 장강과 운하가 연결되는 곳에 양주가 있다. 그래서 신라의 사신이 탄 배가 지날 때 차와 약을 사서 편지와 함께 인편에 보내기도 했다. 양주는 소주와 더불어 강남에서 가장 번성한 도시였고 소금 집산지로도 유명했다. 쌍녀분 이야기에 소금장수가 등장하는 것도 율수가 양주에서 멀지 않은 거리이기에 가능했을 것으로 보인다.

 기념관은 대지 3천 평, 건평 1천 평의 2층 건물이다. 매년 10월 15일 '최치원의 날'에는 많은 후손들이 이곳을 방문하여 제향을 올린다. 그리고 양주시와 강소성의 관료들이 참석함으로써 양국 간의 우의를 다지는 문화교류의 장이 되고 있다. 제향은 1층에 있는 최치원 선생 백옥 상 앞에서 지낸다. 2층에는 최치원 역사박물관이 있다. 박물관에는 최치원의 중국 활동 자료와 우리나라의 최치원 유적 해설 등 신라와 당의 당시 사회상을 보여주는 자료들을 전시하고 있다. 연화각과 기념관 사이에 고운 최치원 선생 기념비가 있다.

 2017년 10월에 당성 입구 공원구역에 최치원의 활동상을 담은 대형 부조와 최치원 선생 동상이 설치되었다. 부조의 내용은 '입당하여 공부하다', '등불의 심지를 돋우며 열심히 학문을 닦다', '회남에서 벼슬살이하다', '신라로 금의환향하다'를 스토리보드 형식으로 만들었다. 부조 병풍 앞에 관복을 입은 선생의 동상이 있다. 동상 앞에는 당, 일본, 고구려, 백제의 지도가 그려져 있다.

 최치원 기념관이 있는 당성 앞에 옛 나루터가 있다. 이 나루에서 관아로 가는 길에 '최치원이 다니던 길'이라는 표지석이 있다. 숲길의 중간쯤에 소박하게 설치되어 있는 이 표지를 보면서 신라에서 온 이방인이 당당하게 당나라 관료가 되어 당성을 드나들고 당시 문사들과 교유하며 명승지를 유람하기도 했던 득의의 시절을 상상해 본다. (노성미)

최치원 동상, 최치원과 양주, 최치원 기념비(위에서부터)
〈출처〉 NAVER 블로그 '오늘, 쓸 이야기'(https://blog.naver.com/love26s)

▦ 세속에 얽매여 있으니 현묘한 도의 문 열기 어려워라

　서안은 진에서 당나라 때까지 중국의 수도로 번영하며 장안(長安)으로 알려졌던 유서 깊은 도시다. 시내의 종루, 장안, 성벽, 비림, 섬서성 역사박물관 등과 시외의 진시황 병마용, 화청지 등에는 연간 1천만 명 이상의 관광객들이 세계에서 몰려든다. 서안은 이러한 역사 유적 이외에도 도교의 발원지인 종남산이 유명하다.

　종남산은 길이가 팔백 리에 달하며 태항(太行)산의 산 밖에 위치해 남쪽의 끝처럼 보인다고 해서 붙여진 이름이다. 종남산은 당나라 때 이름난 신선들의 수도처이자 활동무대였으며 한 무제 때에 축조된 현도단(玄都壇)이 있다. 이곳의 금선관(金仙觀)은 도교의 도관으로 유명하다. 그러나 서안 시내의 볼거리가 너무 풍부하다 보니 일반 관광객이 서안을 여러 번씩이나 다녀가도 종남산을 탐방하는 경우는 흔치 않다.

　서안 시내에서 새벽에 출발하여 차로 40분 정도 달리다 보면 차창 밖이 조금씩 밝아온다. 차가 흔들리기 시작하면 종남산 자락으로 들어왔다는 신호다. 가파른 비포장도로를 꼬불꼬불 오르다 보니 갑자기 산의 험준한 지세가 코앞을 막아서는 느낌이다. 시내의 화려한 조명과 국제 관광도시의 번화함과는 완전히 다른 별천지가 펼쳐진다. 험준한 산과 깊은 계곡에 어린 새벽 구름, 뾰족한 산봉우리의 풍경은 방문객으로 하여금 신성한 기운 속으로 빨려 들어가게 한다.

종남산 자오곡에 있는 금선관 입구와 표지석

중국 역사나 소설에 등장하는 종남산은 화산과 더불어 도교와 불교 수행자들이 은거하는 곳으로 유명하다. 지금도 종남산 70여 골짜기마다 많은 은자들이 수도하고 있다고 한다. 그래서인지 이제 막 깨어나는 새벽 산길을 걷는 사람들의 걸음걸이가 도인처럼 여유 있고 고요하게 느껴진다. 신선의 세계에 들어가는 상상놀이를 즐기기에 충분한 분위기를 갖추고 있다.

아직 안개가 걷히지 않은 골짜기를 들어가서 만나는 도관의 입구는 가파른 계단을 올라야 한다. 협곡의 비탈에 자리한 도관은 골짜기의 기운과 바로 앞에 흐르는 계곡으로 인하여 안개가 짙어 비현실적인 공간처럼 느껴진다.

높은 계단을 오르려면 '金仙觀, 玄道聖境(금선관, 현도성경)'이라 쓴 현판을 우러러보게 된다. 그렇게 대전으로 들어가면 중앙에 노자, 종리권,

여동빈의 상을 만나게 된다. 그들은 중국 도교의 선조로서 신선으로 추앙되고 있다. 현재는 국가적 차원에서 종남산 입구를 도교의 성지로 조성하는 작업이 진행되고 있다. 이들 양쪽으로 신라인 김가기와 최치원의 상이 안치되어 있다. 금선관에 두 사람의 상을 모신 것은 이들이 당나라에 있을 때의 행적이 종남산과 관련이 있기 때문이다.

김가기(?~859)와 최치원(857~?)은 시대는 달랐지만 행적은 많이 닮았다. 두 사람은 신라 사람으로 당나라에 유학하여 빈공과에 급제하였고, 문장으로 이름을 날렸으며, 당에서 관직 생활을 했고, 종남산에서 도교 수련을 했다. 김가기는 종남산에서 본격 수련하여 신선이 되었고, 최치원은 신라로 귀국하여 관직 생활을 하다가 가야산에 은거하였다는 점이 다르다. 그러나 최치원 역시 가야산에서 신선이 되었다는 전설로 남아있다.

금선관 대전에 모신 최치원 상

이규경의 『오주연문장전산고』에 인용된 『해동전도록』에 의하면 신라에 최초로 도교를 전한 인물은 김가기, 자혜, 최승우이다. 최치원도 이 도맥을 전수한 대표적인 인물이다. 그의 『계원필경집』에는 초례재의 재사(齋詞) 12편이 실려 있다.

최치원의 도교 이해는 회남 절도사 고변의 행적과 관련된다. 고변은 도교의 초례재를 통해 전쟁의 종식, 혼백의 구제, 재앙의 소멸, 국태민안 등을 기원했다. 최치원은 고변의 요청에 의해 재사를 지으면서 자연히 도교를 공부하고, 고변의 도교 수련을 가까이서 경험하면서 스스로 도교에 대한 이해가 깊어졌을 것으로 보인다.

고변은 영선루, 연화각 등의 도원을 건립하고 신선 수련에 몰두했다. 당 말기에는 지배층의 도교 수행이 유행했다. 그러나 고변은 신선술을 익히는 과정에서 선약을 제조하여 복약하는 등 수행의 정도가 지나치고 너무 방술(方術)에 집착하여 감금되기도 하였다. 그는 방술을 행하여 역병과 귀신의 화를 구제하려고 했고, 종사관인 최치원에게 이와 관련된 글을 짓도록 했다. 『계원필경집』의 재사는 대개 그렇게 지어진 글이다.

도교의 성지인 종남산이 학계의 관심을 받게 된 것은 1987년 자오곡에서 「김가기전마애각문(金可記傳磨崖刻文)」이 발견되면서부터이다. 화강암에 새긴 이 마애각의 발견은 세간의 주목을 받았으며, 이를 계기로 2002년에는 도교 학술대회가 열렸고 2008년에는 한·중 학자들이 김가기 선인을 기리기 위해 금선관을 세웠다. 마애각은 현재 장안구박물관에 보관되어 있다.

이 비문은 김가기가 신선이 되는 과정을 이해하는 중요한 자료이다. 그는 벼슬을 그만두고 종남산에 은거하여 손수 갖가지 기이한 화초를 가꾸었고 항상 향을 피우고 정좌하여 수련했다. 주로 노자의 『도덕경』과 기타 선서(仙

書)를 깊이 탐구했다. 김가기는 3년 동안 쉬지 않고 도교 공부에 전념한 것으로 되어 있다. 이후 잠시 신라로 귀국하였다가 다시 종남산으로 돌아와서 수련을 계속하여 신선이 되었다. 이 마애석의 전기는 김가기가 세상을 떠난 뒤 사람들이 두보(杜甫)의 시와 함께 자오곡의 큰 바위에 새긴 것이다.

금선관 전경
〈출처〉 NAVER 블로그 '차이나스토리'(https://blog.naver.com/chinastorytour/221176877128)

최치원이 유·불·선 3교에 통할 수 있었던 것도 당나라 말기의 사상적 배경과 현실적 경험에서 가능했던 것이다. 『사산비명』에서도 그의 도교에 대한 깊은 이해를 확인할 수 있다. 그는 선도를 배워 산 채로 하늘에 오르는 백일상승을 최고의 단계로 보았다. 중도에 멈추어 학의 등 위에 타는 것은 미혹된 몸일 뿐이라고 보았다. 그가 우리의 고유사상을 현묘지도(玄妙之道)로 정의할 수 있었던 것도 당나라에서의 쉼 없는 주유(周遊)와 사상의 본질에 대한 탐구가 없었다면 가능할 수 있었을까 생각해 본다. (노성미)

외로운 구름이 손짓하는 두곡서원

　창원은 고운 최치원과의 인연이 매우 각별한 지역이다. 이른바 합포별서(合浦別墅)를 비롯해 월영대(月影臺), 고운대(孤雲臺), 청룡대(靑龍臺), 강선대(降仙臺), 서원곡(書院谷)의 세이탄(洗耳灘), 그리고 돝섬 등의 유허지가 그것이다. 이들은 최치원의 소요지 또는 은거지로서 장소성을 간직하고 있다.

　이로 말미암아 창원지역에서는 최치원의 인품과 학덕을 기리기 위해 여러 시설을 조성하여 추앙하고 있다. 이를테면 유허지 곳곳에 세워진 기념물은 물론이고, 최치원 사우(祠宇)로서 고운사당(孤雲祠堂)·월영서원(月影書院)의 맥을 잇는 두곡서원(斗谷書院)이 그것이다.

　이렇듯 천 년의 세월을 거슬러 최치원은 여전히 후세인들에게 숭배의 대상으로 남아있다. 물론 최치원 추숭 시설은 창원지역에만 국한되어 있는 것이 아니다. 전국적으로 30여 개의 사우들이 있는데, 특정 인물을 추숭하는 시설로는 가장 많다고 하겠다. 그런 만큼 최치원의 인품과 학덕이 크고 높음을 짐작할 수 있다. 아무튼 창원지역에도 최치원을 기리는 사우, 곧 두곡서원이 존립하고 있다는 것은 참으로 다행스럽고 의미 있는 일이다.

　두곡서원은 경남 창원시 마산회원구 두곡길 54(두곡동 637번지)에 위치하고 있다. 남해고속도로 제1지선을 따라가다(회성동에서 내서읍으로 통하는 지방도 1004호선을 따라가면) 마재고개 삼거리를 지나면 두척천(斗尺川, 현 회성천)이라는 작은 하천이 흐르고 있다. 이곳에 놓인 철도 교량인 두척교를 건너면 두척동으로 통한다. 『한국지명총람』에서는 두척동을 마잿골(斗尺)이라 한다고 했는데, 이는 두척산, 곧 무학산 자락에 자리잡

두곡서원 전경

은 마을인 것이다. 지금의 두척동은 행정동인 회성동에 속하는데, 제1통 두척마을, 제2통 두곡마을, 제3통 송정마을 등을 합하여 불리는 법정동 명칭이다.

두곡서원이 자리한 두곡마을로 접어들면 도시 속에 숨은 옛 골목길의 정서를 느낄 수 있다. 걸음을 재촉하여 애써 찾아 헤매지 않더라도, 두곡서원은 한눈에 볼 수 있도록 산자락의 높은 곳에 있다.

사실 두곡서원의 전신은 바로 고운사당과 월영서원이라 하겠다. 오래 전에 있었던 고운사당은 최치원 제향 시설로서 그의 소상(塑像)을 모시고 향사를 지냈던 곳이다. 아무튼 고운사당은 월영서원 건립 이전, 1713년 무렵에 설립되었고, 당시 지역사회의 경주최씨 문중의 가묘(家廟)로서 기능했을 것으로 여겨진다.

왜냐하면 월영서원 건립 때 쓴「월영서원 상량문(月影書院上樑文)」

(1846)에 따르면, '숲이 우거진 곳의 사당에 소상들이 뒤섞여 있어도 선생의 상을 찾을 수 없다'라고 했기 때문이다. 이로 미루어 볼 때, 월영서원 건립 이전에 '고운사당'이 세워져 있었음은 분명하다. 하지만 사당의 위치와 규모는 확신할 수 없다. 아마도 월영서원이 있었던 경남대학교 법정관 일원에 있었을 것으로 판단된다.

월영서원은 고운사당의 맥을 잇는 추숭 시설로서 최치원을 제향하고 유생들을 가르치던 곳이다. 월영서원의 실상은 관련된 자료 또한 부족한 상황에서 단정할 수 없는 일이다. 단지 몇몇 자료에 따르면, 월영서원은 조선시대에 지역 유림의 공의로 최치원의 학문과 업적을 추모하여 창건하고 위패를 봉안하였다고 전한다. 지금의 경남대학교 법정관 일원에 1846년 건립되어 22년 동안 존속하다가 1868년에 따라 훼철된 것으로 알려진다. 이후 월영서원의 후신으로서 그 맥을 잇고 있는 최치원 추숭 시설이 바로 두곡서원인 것이다.

지금의 두곡서원은 1868년 월영서원의 훼철 이후 최재훈(崔在勳)이 신위와 제기를 거두어 두곡동으로 옮겨 영당을 짓고 제향했다. 이후 1902년 9월 25일 최두석(崔斗錫)이 영당각(影堂閣)을 증수하고 최치원의 영정을 봉안하여 비로소 두곡영당(斗谷影堂)이라 하였다. 그러다가 1968년에 옛 영당을 허물고 새로 중수하였다. 1983년 10월 두곡강당을 두곡서원으로 개칭하였다.

비록 두곡서원 가는 길을 안내하는 푯말은 없지만, 마을 뒤 산기슭에서 외로운 구름의 손짓에 이끌려 걷다보면 쉽게 찾아갈 수 있다. 서원 입구에서 마주하는 안내 표지석이 최치원의 문패마냥 마음을 설레게 한다. 34개의 계단을 올라 경앙문(景仰門)을 넘으면, 두곡강당이 있다. 강당 안에는 두곡서원·두곡강당 현판과 관련 기문들이 걸려 있다.

문창공 원허비와 안내 표지석

　두곡강당 옆의 작은 뜰에는 '문창공원허(文昌公院墟)'라고 적힌 빗돌이 세워져 있다. 이는 문창공 최치원의 서원이 있었던 장소라는 말이다. 다시 말해서 월영서원이 있던 옛터를 가리킨다. 여기에는 '마산시 월영동 471번지'에 있었다고 적혀 있는데, 이를 통해 월영서원의 본디 장소를 구체적으로 밝혀주고 있다. 앞서 언급했듯이 지금의 경남대학교 법정대 뒤편에 있었던 것이다.

　아울러 2020년 창원시에서는 그 원허비 곁에 안내 표지석을 설치했다. 여기에는 최치원 선생의 생애와 업적, 영정, 창원지역과 인연, 지역 유적지 위치, 두곡서원 역사 등을 소개하고 있다.

　두곡강당 뒤쪽의 도광문(道光門)을 지나 오르면 '문창후최선생영당'이 아담하게 자리하고 있다. 이 영당은 1968년에 새로 준공하였다. '문창후최선생영당'이라 적힌 현판은 1846년 월영서원에 현게(懸揭)된 것이라고 한다. 그리고 이곳에는 최치원 선생의 영정이 봉안되어 있다. 이 영정은 고운사당(위패, 소상) 내지 월영서원(1846년 영정 제작) 때부터 두곡영당과 두곡서원 건립 이후까지 유지되어 오다가, 1904년에 새로 제작된 것이다. 기존의 영정은 아마도 1846년 월영서원 건립 때 '문창후최선생영당'에 봉안되어 있던 것으로 추정할 수 있다.

「월영서원 상량문」에 따르면, "오래되어도 돌은 깎이지 않아 가야산에 홍류구곡(紅流九曲)이라는 아름다운 이름이 남았고 달 밝은 하동 쌍계에 명주천에 그려진 엄한 진영(眞影)을 걸어서 제향하였다."라고 했다.

문창후 최 선생 영당과 영정

짐작컨대 기존의 영정은 현재 봉안된 영정의 도상과 유사했을 것으로 판단된다. 오늘날 두곡서원의 최치원 영정은 1902년 9월 25일 최두석(崔斗錫)이 영당각을 증수하고, 기존의 영정이 오래되어 낡았으므로 1904년에 경남 하동향교에서 진본을 모사하여 봉안하였다고 전한다. 그 뒤 1950년 한국전쟁 때 영정을 최창모(崔昶模)가 김해 대평으로 피란시켰다가 다시 봉안하였다. 하지만 그 영정조차도 1985년 11월 도난당해

지금의 이곳에는 복사본을 봉안하고 있다. 그리고 매년 음력 4월 18일 향례를 봉행하고 있다.

 이렇듯 고운 최치원과의 인연이 각별했던 창원지역에는 그의 추숭시설인 두곡서원이 있다. 이는 월영서원의 후신으로서 그 맥을 이어가고 있다. 앞으로 지역사회에서는 합포별서 또는 월영서원의 고증에 각별한 관심을 가져야 할 것이다. 왜냐하면 이들의 구체적 조영을 통해 최치원 유허의 장소성, 나아가 지역문화의 정체성을 확립할 수 있는 까닭이다. (한정호)

남녘의 가장 빼어난 절경이라 불러주오

'남일대'는 경남 사천시 모례2길 11-19(향촌동)에 위치하고 있다. 오늘날 남일대는 부산의 해운대와 마찬가지로 해수욕장 이름으로 널리 알려져 있다. 남일대해수욕장은 '경남 41경'에 속할 정도로 빼어난 풍광을 자랑하는 장소이다. 동쪽으로는 코끼리바위가 우뚝 지키고 있고, 서쪽으로는 진널 전망대에서 삼천포항을 한눈에 볼 수 있다. 남쪽으로는 푸른 물결 위로 점점 떠있는 한려해상국립공원이 있고, 북쪽으로는 와룡산의 풍경이 병풍처럼 펼쳐져 있다.

전하는 바에 따르면, 사천 남일대 또한 최치원과 인연이 깊은 곳이라 전한다. 사실 부산 해운대는 최치원의 필적(刻石)으로 말미암아 유적지로서 장소성을 확보하고 있지만, 이와 달리 남일대는 그러한 장소성을 끌어내지 못했다. 왜냐하면 남일대에는 최치원의 행적과 관련된 실증적인 유허(遺墟)가 남아 있지 않은 까닭이다.

짐작컨대 '남일대'라는 이름은 최치원의 대사(臺榭)로서 비롯된 것이다. 그러나 아쉽게도 그 중심 장소는 알 수 없다. 특히 최치원이 남쪽에서 가장 빼어난 장소로서 '남일대'라고 일컬었다면, 비록 그 자취는 오랜 시간 속에서 지워졌을지라도 어떤 방식으로든 소개되어야 마땅하다. 하지만 다른 지역의 유적지와 달리 남일대에 관한 언급은 고려·조선시대 문헌이나 문인들의 작품, 『구비문학대계』 또는 지역의 향토자료집 등에서도 전혀 찾을 수 없다.

남일대 전경

　단지 1994년 12월에 펴낸 『삼천포시지』에서 최치원으로 인해 '남일대'라는 이름이 생겼다는 전설이 전해지고 있다'고 기록했을 뿐이다. 물론 이 책에서도 최치원의 행적에 관한 구체적이고 세부적인 전설의 내용은 실려 있지 않다.
　그렇다면 남일대와 최치원의 인연은 언제 어떻게 맺어진 것일까? 이러한 물음에 정확하게 고증할 수 없는 상황이다. 아마도 최치원이 관직에서 물러나 창원에 '합포별서'를 짓고 은거했던 895년 무렵에 남일대를 유람했을 것으로 추정된다.
　오늘날 남일대에는 부산 해운대마냥 필적이 남아 있는 것도 아니고, 문화재 내지 기념물로 지정되어 있지도 않다. 그런데도 사천시에서는 남일대의 지명 연원을 최치원과 연관지어 그 남일대의 장소성을 각별하게 부각시키고 있다.
　2012년 6월 14일 남일대해수욕장 들머리에 「고운최치원선생남일대유적비(孤雲崔致遠先生南逸臺遺蹟碑)」, 최치원 동상과 시비를 세웠다. 「남일대 유적비 안내문」의 내용을 옮겨보면 다음과 같다.

남일대(南逸臺)는 경상남도 사천시 향촌동에 위치한 해수욕장으로서 통일신라시대 천재문장가였던 고운 최치원 선생께서 이곳의 맑고 푸른 바다와 해안의 백사장 및 주변 절경을 보고 남녘에서 가장 빼어난 절경이라 감탄하여 남일대(南逸臺)라고 명명하였다.
동쪽으로는 코끼리바위가 우뚝 지키고 있고 서쪽으로는 진널 전망대에서 삼천포항을 한눈에 볼 수 있으며, 남쪽으로는 푸른 물결위로 점점이 떠있는 한려해상국립공원이 있고, 북쪽으로는 와룡산의 풍경이 병풍처럼 펼쳐져 있어 최치원 선생께서 가히 남녘에서 가장 빼어난 경관이라 감탄하지 않을 수가 없는 곳이다.
이에 선생의 업적을 기리는 동시에 이곳을 찾았던 선생의 발자취를 함께 느끼기 위해 그의 32대 후손 최상화가「고운 최치원선생 남일대 유적비 보존회」를 구성하여 후손들과 사천시민의 뜻을 함께 모아 2012년 6월 14일 여기 선생의 유적비를 건립하였다.

유적비의 좌측면에는 남일대의 건립 취지, 이를테면, '남일대는 최치원 선생이 남녘의 가장 빼어난 절경이라 꼽은 장소로, 이곳을 찾았던 그의 발자취를 많은 사람들과 함께 느끼고 더불어 대문장가였던 업적을 기리고자 한다. 이에 뜻을 같이하고자 32대 후손 최상화와 함께 이 비를 세운다'는 글이 새겨져 있다. 아울러 '유적비 건립에 뜻을 함께 해 주신 분들'('남일대보존회'와 '남일대 차인회')의 명단, 건립 시기(2012년 6월)와 제작자의 이름(대한민국 명장 석공 윤만걸)을 적어두고 있다.

남일대 최치원 동상과 유적비

그리고 유적비의 우측면에는 천덕찬 시인의 「남일대」 시가 새겨져 있다.

남일대 해수욕장은 / 신라시대 대학자 / 고운 최치원 선생이 / 남유하다가 / 이곳의 맑고 푸른 바다와 / 하얀 모래사장, / 주변 절경을 보고 / 남녘에서 자장 빼어난 / 경관이라 감탄하며 / 남일대라 명명하였다. // 동쪽으로는 / 산책로 따라 / 시천 팔경의 하나인 / 바닷물에 잠긴 듯한 / 코끼리 바위와 거북 모양의 / 암석이 절묘하게 장관을 이루고… // 서쪽으로는 고래 눈동자같이 / 진널전망대에서 / 꿈같은 삼천포항이 / 한눈에 머무나니, // 은빛 철분이 섞인 / 모래사장인 해안은 부서진 조개 껍질 모래라 / 예부터 모래찜질 휴양지로 / 널리 알려져 있고… // 남쪽으로는 남태평양 / 수평선 지동설같이 / 푸른 꿈 밀물에 밀려오고… // 북쪽으로는 사천시의 중심에 / 수호신처럼 우뚝 솟아있는 / 와룡산의 풍경이 / 병풍처럼 펼쳐져 / 삭풍(朔風)에도 어머니 / 가슴같이 포근하도다.

또한 유적비 옆에는 최치원의 동상과 시비가 있다. 동상은 단령(團領)을 입었고 오사모(烏紗帽)를 썼으며 각대(角帶)를 두른 공신풍의 전신좌상으로서, 오른손을 들어 검지손가락으로 해변의 풍경을 가리키는 모습을 취하고 있다. 그리고 동상 앞 시비에는 그의 시 「범해(泛海)」를 새겼다.

돛 걸어둔 망망한 바다에 배 띄우니 / 긴 바람은 만리로 나아간다 / 뗏목을 중국에 보내여 놓고 / 약초 캐는 진시황의 아이를 추억하네.
해와 달빛에 어찌 밖이 있고 / 태극 속에 하늘과 땅 있으랴 / 지척간에 봉래의 신선이 있어 / 나, 이참에 신선옹을 찾아간다.

이처럼 사천시에서는 남일대해수욕장을 거점으로 삼아, 5년 전부터 최치원 기념행사(헌다행사, 백일장 개최 등)를 매년 추진하고 있다.

천 년이 훌쩍 지난 최치원의 남일대 행적을 고증하기란 쉬운 일이 아니다. 그 옛날 최치원이 부산 동백섬의 해운대 마냥 남일대에 필적이라도 남겨두었더라면 하는 아쉬움이 남는다.

이즈음 남일대는 빼어난 자연 풍광을 자랑하며 해수욕장의 지명으로 기억되고 있다. 그리고 지역사회에서는 남일대해수욕장에 고운 최치원의 동상과 유적비를 세워 사천시의 장소성을 새롭게 알리고 있다.

그런데도 최치원의 망대(望臺), 남일대의 중심 장소에 대해서는 의문을 가질 수밖에 없다. 다만 후세 사람들이 만들어 놓은 기념시설, 특히 최치원 동상이 남일대의 지명 유래와 장소적 의미를 손짓으로 알려주고 있는 듯하다. 이제 누구도 남일대를 두고 최치원의 유적지가 아니라고 말하지 못할 것이다. (한정호)

고요 속에 머물렀을 그의 자취 아직도 살아 있는 곳

고운암에 가기 위해서는 낙동강의 지류인 가야천을 따라 가야산으로 향해야 한다. 그 길을 따라가다 보면 자연스레 홍류동을 마주한다. 가을 단풍이 짙붉게 물들어 커다란 바위를 밀쳐내며 세차게 흐르는 물조차도 붉게 만들어 버리는 홍류동. 여름에 길을 나선 것을 아쉬워할 틈도 없이 물, 바람, 새 들의 소리를 귀에 담으며 가다 보면 이윽고 해인사에 다다른다. 고운 선생도 이런 가야산의 흥취에 이끌려 속세에서의 혼란스러운 마음을 비우고자 이곳에 머물지 않았을까 생각해 본다.

발길을 해인사로 향하지 않고 가야천을 따라 1.3㎞를 더 가면 해인초등학교가 있다. 초등학교 정문 바로 옆 산 쪽으로 향해 난 길을 보면, 안내석 두 개가 나란히 서 있다. '고운암', 오른쪽 것은 '원치인리'라고 새겨져 있다. 치인리는 최치원이 이곳에 와서 살았다 하여 본래는 치원리(致遠里)라고 하였는데, 1915년 치의(緇衣)를 입은 승려들이 많이 산다고 하여 치인리(緇仁里)라고 고쳤다. 차 한 대 들어갈 만한 산길을 따라 1.2km를 구불구불 힘겹게 오르면 해발 750m에 위치한 고운암이 단지봉을 등지고 동북쪽을 바라보고 앉아 있다.

고운암(孤雲庵)은 해인사에서 서쪽으로 2.3㎞ 정도 떨어져 있는데, 그 자리는 '최치원 선생이 머물렀던 집터'라고 전해진다. 현재는 팔작지붕에 정면 5칸, 측면 3칸의 새 건물이 자리하고 있다. 『가야산 해인사지(伽倻山 海印寺誌)』에는

해인초등학교 정문 옆 안내석   고운선생구저은일지지

고운암(孤雲庵)은 삼정리(三政里) 못 미쳐 용문폭포(龍門瀑布) 서쪽 산중턱에 위치하고 있다. 이곳은 최고운 선생이 살던 집이라고 전해오는 개인소유인 자그마한 초가(草家) 1동이 있었다. 1974년에 정안선객(正眼禪客)이 기존의 집을 헐고, 그 자리에 25평 동향 1동을 창건하였다. 산내(山內) 백련암(白蓮庵)과 마주 보여 전망이 매우 좋은 편이며, 현재는 법모비구니(法模比丘尼)가 정진(精進)하고 있다.

라고 기록 되어 있다. 이를 알려주기라도 하듯 고운암 아래 40m 떨어진 곳에 '고운선생구저은일지지(孤雲先生構邸隱逸之地)'라 쓰인 검은 비석이 오가는 이를 먼저 맞이한다. 기록이 없어 언제 세웠는지는 알 수 없다. 뜻을 풀이하면, '고운 선생이 집을 지어 숨어 산 곳'이라는 뜻이다.

치인골과도 외따로 떨어져 있는 고운암은 그곳에서 바라보는 절경이 형언할 수 없을 만큼 아름답다. 산에 에워싸여 유달리 해가 빨리 져 오도가도 못하는데 산자락이 세속인의 시야를 좁히며, 세상 시름에 출구가 된 마냥 그 끝에 가야산이 눈에 들어온다. 툇마루에 걸터앉아 눈앞에 펼쳐진 짙푸른 녹음을 한참 동안 바라보다 깊은숨을 들이마시며 감았던 눈을 떠 보니 백련암이 보일 듯 말 듯 아련하다. (김지민)

단지봉을 등지고 자리한 고운암

그 덕이 태산 같아 생사당을 짓다

34살(890년, 진성여왕 4년)의 나이에 태산군(태인군. 현, 전북)의 태수로 부임한다. 나라가 어지럽고 국운이 쇠퇴하자 지방관을 자청하여 나간 첫 외직이었다. 공무에도 틈날 때면 관아에서 남쪽으로 7리쯤 떨어진 태산 동진강에 나가 술잔을 띄워 풍류를 즐기며 세상 시름을 잊었다. 훗날 그 유적을 유상대(流觴臺)라 불렀다.

태산 고을 사람들은 유학의 풍류를 알려주고 덕으로 태산을 다스린 최치원을 기리기 위해 유상대 위쪽에 생사당(生祠堂)인 선현사(先賢祠)를 짓는다. 1483년(성종 14년)에는 정극인이 세운 향학당(鄕學堂)이 있던 곳으로 선현사를 옮겨 와 태산사(泰山祠)라 이름한다. 1615년에는 태산사에 신잠(申潛)의 생사당을 합사하여 서원으로 전환하고, '태산서원'이라 부른다. 이후 1630년 정극인(丁克仁) · 송세림(宋世琳) · 정언충(鄭彦忠) · 김약묵(金若默)을 추배하고, 1675년 김관(金灌)을 추배하여 모두 칠현(七賢)을 배향한다. 1696년(숙종 22년)에는 생원 유자춘을 대표로 유생 200명이 연명한 상소문을 예조에 보내어 사액을 청한다. 이것이 받아들여져 같은 해 11월 무성서원(武城書院)이라는 이름으로 사액된다.

무성서원은 서원 철폐령에도 훼철되지 않고 존속한 47개 서원 중 하나이며, 현재 사적 166호로 지정되어 있다. 2019년에는 성리학과 관련된 문화적 · 역사적 의미를 인정받아 소수서원(건립: 1543년), 남계서원(건립: 1552년), 옥산서원(건립: 1573년), 도산서원(건립: 1574년), 필암서원(건립: 1590년), 도동서원(건립: 1605년), 병산서원(건립: 1613년) 등 8개 서원과 함께, 유네스코 세계문화유산에 등재되어 있다. 이처럼 유서 깊은 곳에 최치원의 영정(影幀)이 모셔진 것은 무성서원에 온 한 통의 통문(通

文)에서 시작된다.

　1783년(정조 7년) 10월 흥양(興陽)과 낙안(樂安)에서 통문(通文) 한 통이 온다. '쌍계사에 최치원의 영정이 있는 것을 본 선비가 불가에 선생의 영정이 있는 것은 잘못된 일이라 여겨 이를 하동향교에 알렸습니다. 하동향교에서는 낙안에 살던 본손 최항대의 집에 알려 영정을 모셔왔다. 그런데 후손이 힘이 없어 집안의 사당이 무너지고 영정이 풍우에 해를 입을까 저어되어 무성서원에 봉안하길 바랍니다.'라는 내용이었다. 그리하여 태산의 유생들은 이듬해 1784년 2월 6일 낙안읍에 도착하여 영정을 모셔왔습니다. 5일간의 영정 이안 여정은 2월 10일 무성서원에 도착해서야 끝이 난다. 그리하여 무성서원은 최치원 영정을 모신 최초의 서원이 된다.

　무성서원에서는 쌍계사에 있던 영정을 이안해온 후 1831년과 1924년 두 번 개모(改模)한다. 1825년(순조 25년)에 발생한 큰 화재로 강당이 모두 불타는데 다행스럽게도 태산사는 무사하였다. 그 일 이후 화재와 훼손 등을 걱정하여 1831년 2월 영정을 개모한다. 1831년 개모본은 견본(絹本) 족자에 채색하였으며, 영정의 크기는 가로 75.5㎝, 세로 116㎝이다.

　그런데 1967년 문화재위원 김상기와 최순우가 1784년 이안 영정과 1831년 개모 영정을 문화재 신청을 목적으로 국립중앙박물관으로 옮겨 간다. 그러나 문화재로 등재하려는 의도에도 불구하고 그 후 1784년 이안 영정은 소실되어 행방을 알 수 없게 된다. 1831년 영정도 오랫동안 잊히었다가 정읍시민들의 노력으로, 보존처리를 거친 뒤 47년 만에 정읍에 환안되는 우여곡절을 겪는다. 이 영정은 현재 정읍시립박물관에서 보관 중이다.

　1924년 10월 당시 어용화사였던 채용신이 그린 두 번째 개모본은 족자에 채색하였으며, 크기는 73×123㎝이다. 원본 영정은 2012년 정읍시립박물관에 기탁하고 무성서원에는 영인본이 있다. 영정 속 최치원은 부처나 스님이 설법하기 위해 앉는 등받이가 높은 의자인 법좌에 앉아 무늬가 없는 화문석이 깔린 족좌대(足座臺)에 신을 벗어놓고 가부좌를 하고, 손에는 용머리 장식이 있는 불자(拂子)를 쥐고 있다. 불교에서 조사들의 영정에 주로 보이는 자세를 취하고 있다. 관은 두건 형식의 연각복두(軟脚幞頭)를 썼고, 의복은 깃이 둥글고 소매와 깃에 다른 색이 덧대어진 홍단령을 입었으며, 허리에는 초록빛을 띠는 대를 하고 있다. 표정은 밝으며 약간의 미소까지 띤 온화한 모습이다.

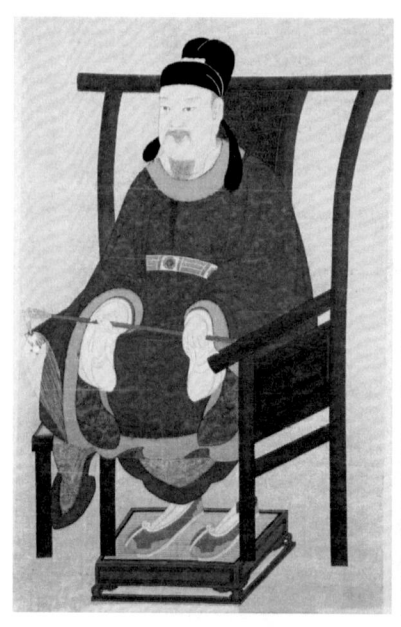

1831년 2월 개모본
〈출처〉 e뮤지엄

1924년 10월 채용신이 개모한 영정
〈출처〉 국립현대미술관

1831년 개모본과의 차이는 의자의 형태와 옷, 문양, 돗자리가 극세필(極細筆)로 표현되어 있다는 점이다. 또한 의자 귀퉁이의 장식이나 아(亞)자 문양이 새겨진 돗자리가 눈에 띄며, 더욱이 돗자리와 법좌의 원근감이 돋보인다. (김지민)

최치원 연보

◉ 출생과 성장

857년(1세, 헌안왕 1년) 경북 경주(慶州)에서 태어나다. 어릴 때부터 풍모가 수려하고, 성품이 온유하며, 글공부를 좋아하다.

◉ 당나라 유학과 입신

868년(12세, 경문왕 8년) 입당 유학, 국자(國子)로 뽑혀 관비(官費)로 당나라 서경(장안, 당시 당나라 수도, 중국 섬서성 서안시 장안성)으로 건너가 국자감(國子監)에 유학하다. 주로 장안의 국자감 또는 신라 숙위학생들을 위한 숙소에 머물면서 생활하다.

874년(18세) 9월 당나라 예부시랑(禮部侍郞) 배찬(裵瓚)이 실시한 빈공과(賓貢科, 외국인들이 보는 과거시험)에 장원으로 급제하여 진사(進士)가 되다.

875년(19세, 헌강왕 1년) 주나라의 도읍지였던 동도(東都, 낙양)를 약 2년간 유랑하며 학문 연구와 많은 시부(詩賦)를 짓다.

876년(20세) 당나라 조정으로부디 강남도(江南道) 선주(宣州) 관할의 율수현위(溧水縣尉)가 되어 관계(官界)에 진출하여 관료생활을 시작하다.

877년(21세) 율수현위로 부임하여, 공사간(公私間)에 지은 글을 모아 『중산복궤집(中山覆簣集)』 5권을 만들다.

879년(23세) 초겨울, 율수현위로서 3년의 임기를 마치다. 당대 제도에 따라 수선(守選) 기간을 거쳐야 했으나 벼슬길에 나아갈 수 있는 지름길인 박학굉사과에 응시하고자 당의 수도 장안(현, 섬서성 서안)에 있는 종남산(終南山)에 들어가 시문(詩文)을 지으며 학업에 몰두하다. 그러나 겨울 석 달 만에 녹봉을 다 써서 공부할 비용이 없어지다.

880년(24세) 고변의 문하에 들어가고자 글과 잡편, 시 등을 바치다. 상객(上客)의 예우를 받아 고변의 문하에 들어가다. 고변에게 헌정시 30수를 바친 후, 관역순관(館驛巡官)이 되다. 5월 황소의 난이 심각해지자 동당으로 출병하는 고변의 종사관(從事官)이 되어 고변 막부의 공사문서(公私文書)를 쓰는 서기(書記)의 책임을 맡다. 이후 4년에 걸쳐 표(表)·장(狀)·서(書)·계(啓)·격문(檄文) 등을 도맡아 짓고 쓰다.

881년(25세) 2월 초하루, 고변의 생일에 산라의 인삼, 거문고, 봉래산도, 천마 등을 선물하다. 7월 8일 「격황소서(檄黃巢書)」를 지어 문명을 중국에 떨치다. 그 공로로 당 희종으로부터 공첩을 받아 도통순관(都統巡官)에 승직되고, 5품 중앙 관직인 승무랑(承務郞) 전중시어사 내공봉(殿中侍御史 內供奉)에도 올라 비어대(緋魚袋)를 하사받다.

882년(26세) 5월 「고보제도회병서」를 짓다.

883년(27세) 고변의 막부에 있으면서 지은 1만여 편의 글 가운데 정수만을 뽑아 『계원필경(桂苑筆耕)』 20권을 만들다.

884년(28세) 10월 귀국을 결심하고 「사허귀근계(謝許歸覲啓)」를 올리자 당 희종이 송국신등사(送國信等使)로 삼아 조서(詔書)를 내려 허락하다. 본국 사신 김인규(金仁圭)와 집소식을 가져왔던 아우 처원(棲

遠)과 함께 많은 사람의 작별을 받고 양주(揚州)를 떠나 금의환향의 길에 오르다.(그 무렵에 최치원의 아버지가 별세한 것으로 사료된다.)

◉ 신라로 귀국

885년(29세) 3월 귀국하여 시독 겸 한림학사 수병부시랑 지서서감(侍讀兼翰林學士守兵部侍郎知瑞書監)에 임명되어 외교문서, 비명 등의 작성을 담당하다.

886년(30세, 정강왕 1년) 1월 당에서 지은 『계원필경집』(1부 20권), 『중산복궤집(中山覆櫃集)』(1부 5권), 『잡시부(雜詩賦)』(30수 1권), 『오언칠언 금체시』(100수 1권), 『사시금체부(私試今體賦)』(5수 1권) 등 28권을 헌강왕에게 올리다.

887년(31세, 진성여왕 1년) 1월 「대화엄종불국사비로자나문수보현상찬병서」를 짓다. 「쌍계사 진감선사대공탑비명」을 완성하다.

888년(32세) 「초월산 대숭복사비명」을 완성하다.

890년(34세) 7월 태산군(현, 전북 정읍) 태수가 되다.

892년(36세) 「성주사 낭혜화상백월보광탑비명」을 완성하다.

893년(37세) 부성군(현, 충남 서산) 태수가 되다. 마침 조정에서 하정사(賀正使)로 삼아 당에 파견하려 했으나 흉년으로 백성이 도탄에 빠지고 사방에서 도적이 일어나 중지되다. 「봉암사 지증대사적조탑비명」을 완성하다.

894년(38세) 천령군(현, 경남 함양) 태수로 부임하다. 2월 진성여왕에게 개혁안인 「시무십여조(時務十餘條)」를 올리다. 진성여왕은 최치원의 벼슬을 신라의 작위 중 제6위에 해당하는 아찬(阿飡)으로 올려주나, 시무책은 시행되지 못하다.

895년(39세) 7월 「해인사묘길상탑기」를 짓다. 10월 합포현 별서(현, 경남 창원)에 머물며, 경주, 의성, 합천, 하동 등 여러 지역을 유람하다.

897년(41세, 효공왕 1년) 7월 이후 「사불허북국거상표(謝不許北國居上表)」를 짓다. 『제왕연대력(帝王年代曆)』을 짓다.

898년(42세) 1월 「신라가야산해인사결계장기」를 짓다. 가족을 이끌고 가야산으로 들어가다. 해인사의 승려 현준(賢俊), 정현(定玄)과 도우(道友)를 맺고 독서당에서 은거하다.

900년(44세) 12월 「해인사선안주원벽기」를 짓다.

901년(45세) 이 무렵(901~904년) 『석순응전』, 『석이정전』 등의 저서를 쓰다.

904년(48세) 해인사 화엄원(華嚴院)에서 지병으로 요양하다. 「법장화상전(法藏和尙傳)」(10권)을 짓다.

908년(52세) 「신라수창군호국성팔각등루기(新羅壽昌郡護國城八角燈樓記)」를 짓다. 이후 행적에 대해서는 알려진 바가 없다.

◉ 최치원 사후

1020년(고려 현종 11년) 내사령(內史令)에 추증되고, 문묘에 종사(從祀)되다.

1023년(고려 현종 14년) 2월 문창후(文昌候)로 추봉되다.

ARETE, 고운 최치원

1판 1쇄 발행   2025년 2월 28일

지 은 이 | 노성미 한정호 박준범 김지민
펴 낸 이 | 김진수
펴 낸 곳 | 한국문화사
등   록 | 제1994-9호
주   소 | 서울시 성동구 아차산로49, 404호 (성수동1가, 서울숲코오롱디지털타워3차)
전   화 | 02-464-7708
팩   스 | 02-499-0846
이 메 일 | hkm7708@daum.net
홈페이지 | http://hph.co.kr

ISBN 979-11-6919-302-3 93810

· 이 책의 내용은 저작권법에 따라 보호받고 있습니다.
· 잘못된 책은 구매처에서 바꾸어 드립니다.
· 책값은 뒤표지에 있습니다.

· 오류를 발견하셨다면 이메일이나 홈페이지를 통해 제보해주세요.
  소중한 의견을 모아 더 좋은 책을 만들겠습니다.